Die Wubbjes helfen der Natur

Das Einpflanzbuch, http://das-einpflanzbuch.de

Autor: Dr. rer. nat. Kai Behncke

Bilderstellung: Markus Nimtz (http://www.pixeltrail.de)

Ein Drittels des Verkaufsgewinns geht als Spende an die „gUG Umweltschutz und Lebenshilfe" (http://umweltschutz-und-lebenshilfe.de) und wird dort in unterschiedliche Artenschutzprojekte investiert (z.B. in die Anlage von Blühwiesen und Insektenschutzmaßnahmen, Betrieb eines Gnadenhofes etc.).

ISBN 978-3-00-058412-1
1. Auflage 2018, Melle
© Doktor Kalle-Verlag, Melle 2018 (http://doktor-kalle.de)
Druck: gugler GmbH, A-3390 Melk/Donau, Österreich
Produktion Saatgutpapier: CREAPAPER GmbH, 53773 Hennef

Dieses Buch ist (mit Ausnahme des Saatgut-Buchdeckels) nach dem Cradle to Cradle™-Verfahren ("von der Wiege zur Wiege") gedruckt. Die Inhaltsstoffe der Cradle to Cradle™-Druckprodukte wurden in Zusammenarbeit mit wissenschaftlichen Instituten analysiert, ausgewählt und weiterentwickelt. Cradle to Cradle™-Produkte sind für einen biologischen Kreislauf optimiert. Das Buch wird in Österreich auf Papier aus nachhaltiger Forstwirtschaft produziert (FSC®-zertifiziert). Die Druckfarben sind speziell konzipierte Pflanzenölfarben, die garantiert frei von Mineralölen sind. Es werden keine tierischen oder genetisch modifizierten Rohstoffe und kein Sojaöl verwendet.

Sämtliche Buchseiten sind über Fasern aus Sisal (biologisch abbaubare Naturfasern) fixiert. Du hältst somit ein Buch in der Hand, das nach derzeitigem Wissensstand in höchstem Maße umweltfreundlich ist. Fast möchten wir sagen: Dieses Buch ist kompostier- und einpflanzbar. Letzteres jedoch würde wenig Sinn ergeben. Wenn Du es gelesen hast, dann verschenke es gerne weiter, damit auch andere Menschen von dem Inhalt profitieren.

Der vordere Buchdeckel (das Saatgutpapier) ist ebenfalls FSC®-zertifiziert und enthält wertvolles, biozertifiziertes Saatgut für ein kleines Fleckchen Blühwiese.

Den Buchdeckel (entsprechend gekennzeichnet) kannst Du abtrennen und bedenkenlos einpflanzen. Es können daraus folgende Pflanzen erwachsen, die hilfreich für Insekten sind: Thymian, Lavendel, Sonnenblume, Ysop, Phazelie, blauer Lein, Inkarnatklee, Mohn und Kamille.

Die Seiten dieses Buches sind wie folgt zertifiziert:

Produktion mit FSC®-Zertifizierung

Der FSC® hat weltweit einheitliche Grundprinzipien für verantwortungsvolle Waldwirtschaft definiert. Das FSC®-Zeichen kennzeichnet Produkte, die nach den strengen Kriterien des FSC® zertifiziert sind und stellt sicher, dass das Material aus verantwortungsvollen Quellen stammt.

Produktion mit Cradle to Cradle™-Zertifizierung

Ein weltweit einzigartiges Druckverfahren, bei dem für den biologischen Kreislauf optimierte Farben, Papier und weitere Druckkomponenten verarbeitet werden. Alle Infos: www.printthechange.com

Höchster Standard für Ökoeffektivität.
Cradle to Cradle™ zertifizierte
Druckprodukte innovated by gugler*.

Produktion mit greenprint*-Label

Klimaneutraler Druck ist gut, klimapositiver Druck ist besser. Durch dieses Werk werden etwa 10% mehr Emissionen kompensiert als bei der Produktion entstehen (durch die Unterstützung eines Aufforstungsprojektes in Äthiopien).

Biozertifiziertes Saatgut

Das Saatgut im Buchdeckel (für nahezu alle Arten) besitzt das EU-Siegel für Bio-Qualität.

DE-ÖKO-007
EU-Landwirtschaft

Gerne kannst Du uns einige Bilder von den Blumen schicken, welche aus dem Saatgutpapier entstehen. Vielleicht hast Du ja auch etwas für den Artenschutz gebastelt? Ein Vogelhaus oder ein Insektenhotel? Veröffentliche die Fotos doch auf http://das-einpflanzbuch.de. Mit etwas Glück gewinnst Du tolle Preise.

Inhalt

Dieses Buch ist all denen gewidmet, die sich auch für die Belange der „kleinen Tiere" in der Natur interessieren. Es ist geschrieben für die Menschen, welche sich aktiv in Natur- und Artenschutz einbringen (wollen). Es ist ein Kompliment an jene, welche sich abmühen, kämpfen, sich nicht unterkriegen lassen, querköpfig bleiben und auch bei Gegenwind nicht umfallen. Lasst Euch von Eurem Weg nicht abbringen und bleibt standhaft, Ihr Helden des Alltags!

Euer Handeln ist wichtig und grandios!

JedEr für sich kann „Großes" bewirken. Egal ob im eigenen Garten, auf dem Balkon, in den Köpfen der Mitmenschen etc.

Und: Werden wir gemeinsam aktiv, dann versetzen wir Berge!

1. Die Wubbjes

Kennst Du eigentlich schon die Wubbjes? Nein, noch nicht? Dann erzähle ich Dir heute einmal etwas über sie. Sie leben in jedem Garten und auf jedem Balkon. Es gibt auch einen Landstrich, in dem sie ihr Lieblingsquartier haben: Das Wubbjeland. Dieses liegt weit im Norden, nicht weit entfernt von den großen Meeren. Dort wo das Land flach ist und der Wind so herrlich weht. Wubbjes sind von winziger Gestalt, nicht größer als ein kleines Kaninchen und haben eine blaue Haut. Und sie tragen wuschige, strubbelige Haare in ganz unterschiedlichen Farben.

Sie sind zumeist für Menschen unsichtbar. Nur ganz selten hat ein Kind bislang einmal einen Wubbje gesehen oder sogar mit ihm gesprochen. Sie sind mit Kobolden und den nordischen Klabautern verwandt.

Die Tatsache, dass wir Menschen selten die Wubbjes sehen, bedeutet nicht, dass es sie nicht gibt. Auf der Welt leben Tausende von ihnen. Und sie machen tolle Dinge: Sie sorgen dafür, dass in Gärten, Parks, auf Balkonen, Feldern, Wiesen und Wäldern alles schön blüht, wächst und gedeiht. Sie sorgen für ein harmonisches Miteinander der Lebewesen dort. Egal ob Biene, Hummel oder Regenwurm, ob Tausendfüßler, Spitzmaus, Igel oder Eule. Sie helfen allen Tieren gleichermaßen und wollen, dass es allen gut geht.

Wubbjes leben zum Beispiel in hohlen Baumstümpfen. Sie nutzen verlassene Mäuse- oder Kaninchenhöhlen oder auch nicht

1

belegte Vogel-Nistkästen. Manche bauen sich auch kleine, muckelige Unterschlüpfe in Hecken, altem Mauerwerk oder Sträuchern. Auf Balkonen leben sie zuweilen mitten in Blumentöpfen, unterhalb der Pflanze, in einer kleinen, warmen Höhle. In kalten Winternächten sieht man dann manchmal ein winziges Ofenrohr nach draußen ragen, aus dem dichter, weißer Rauch empor steigt.

Die Wubbjes leben von allem, was die Natur so hergibt. Gerne mögen sie Nüsse, Eicheln, Beeren und Grassamen. Nur Fleisch und Fisch mögen sie nicht. Und sie können sehr gut kochen. Etwas Morgentau, ein paar Maiskörner und vielleicht eine Kartoffel, dazu ein gemischter Salat aus feinen Halmen und Blütenblättern, hmhh lecker, das schmeckt ihnen richtig gut.

Wubbjes sind ausgezeichnete Kletterer. Und wenn sie etwas Unterstützung von ihren Freunden den Bienen, Hummeln, Marienkäfern oder Schmetterlingen bekommen, dann können sie sogar fliegen. Sie setzen sich dann einfach in eine kleine Schaukel, welche aus Spinnenweben geflochten ist. Und schon geht es mit lautem Gejohle hoch in die Lüfte - bis über die Wipfel der Tannen und Fichten.

In diesem Buch nun lernt Ihr die Wubbjes und ihr aufregendes Leben endlich kennen.

2. Mehr Blühwiesen für Insekten

An einem warmen Frühlingsnachmittag im Mai, der Himmel leuchtete in einem strahlenden Blau und es duftete herrlich nach Maiglöckchen, machten sich die Wubbjes Knolle und Flocke mit ihren Kindern Lolly und Mungo auf den Weg zu ihren Freunden den Bienen. Die Bienenkönigin „Summsalabim" hatte sie eingeladen.

„Liebe Flocke, lieber Knolle, am Sonntag laden wir Euch zu unserem Frühlingsfest ein. Treffpunkt ist um sechs Uhr vor dem großen Bienennest in der hohlen Eiche am Wassersprudelbach. Unsere Freunde die Hummeln werden auch dort sein. Es gibt etwas Leckeres zu essen und zu trinken. Bringt doch auch Eure Kinder mit. Wir freuen uns auf Euch, Eure Summsalabim."

Die Feier findet schon seit vielen Jahren statt. Schon die Eltern von Knolle und Flocke waren früher zu dieser hingegangen. Es ging dort immer lustig zu, gab viele Leckereien und eine Menge Pläne wurden geschmiedet. Knolle und Flocke hatten sich schick gemacht. Knolle, mit einer lila-orangefarbenen Haarpracht ausgestattet, hatte sich extra einen neuen Hut gekauft. Eine braune Kappe einer Eichel mit einer klitzekleinen Hühnerfeder. Ansonsten trug er seinen dunkelroten Anzug mit gelben Punkten. Seine Füße steckten in knisternden Strohschuhen.

Auch Flocke hatte sich in Schale geworfen. Fröhlich trällerte sie ein Liedchen in die Luft: „Heute wird gesungen, die Hüfte wird geschwungen. Den ganzen Abend wird gelacht, das hat schon immer Spaß gemacht, trallalala." Ihre blauen Wangen hatte sie durch eine Moos-Gräser-Paste etwas grüner gemacht. Ihre Haare waren wie üblich knallgelb, wie eine Sonnenblume. Zur Feier des Tages hatte sie eine froschgrüne Grashalm-Schleife eingeflochten. Um den Hals trug sie eine Kette aus kleinen, glitzernden Sandkörnchen. Die Sonne funkelte und blitzte in diesen wie ein Feuerwerk. Ihr Kleid war aus grünen Hainbuchenblättern genäht, welche durch die gelben Blüten des Löwenzahns ergänzt wurden. Die Blätter raschelten manchmal etwas im Frühlingswind.

Flocke lief wie immer barfuß. Glücklich trällerten beide vor sich hin. Sie lebten beide in einem alten Baumstamm. Dieser beheimatete ursprünglich einmal einen Specht, der dann aber fortgezogen war. Nach und nach hatten sie die Spechthöhle ausgebaut und dort ein wunderschönes Heim für die Familie geschaffen.

Knolle war ein lustiger Kauz, manchmal etwas chaotisch. Er galt im Wubbjeland als jemand, der häufig neue Ideen hatte. Nichts und niemand konnte ihn dann von seinen Träumen abbringen. Er musste alles selber ausprobieren und steckte manches Mal auch seine Freunde damit an. Einmal hatte er die Idee, einen kleinen Holzwagen zu bauen, der von Wasserdampf angetrieben wurde. Wochenlang tüftelte er vor der kleinen Spechthöhle vor sich hin, bis er und seine Frau Flocke dann eines morgens munter durch den Wald tuckerten.

Das rauchte und knatterte vielleicht kann ich Euch sagen. „Aufgeben gilt nicht!", sagte er immer. Oder: „Fertig ist`s wenn`s fertig ist."

Flocke war eine tolle Näherin. Sie hatte so flinke Finger und war so geschickt, dass sie Euch innerhalb eines Tages ein Kleid oder einen Anzug aus dem schneidern konnte, was die Natur so hergibt. Blätter vom Apfelbaum, versehen mit kleinen Knöpfen, handgeschnitzt aus Kürbis. Ein Rock aus Kartoffelschalen, fein gewickelt und mit kleinen Blaubeeren versehen. Das trug man in der feinen Gesellschaft der Wubbjes damals. Dazu einen eleganten Hut aus der Wiesen-Flockenblume hergestellt, mit Weißdornblüten versehen.

Der Baumstamm mit der Spechthöhle, in welcher Flocke und Knolle wohnten, stand im hinteren Teil eines verwachsenen Gartens. Dieser gehörte einer etwas älteren Menschen-Dame, Frau Ammellie. Von dort aus konnte man schon das Glitzern des Wassersprudelbaches sehen. Der Bach schlängelte sich am Garten vorbei und sprudelte und gurgelte munter vor sich hin.

In dem schönen, verwilderten Gartenparadies lebten noch andere Wubbjes. Diese machten sich ebenfalls auf den Weg zu der Feier bei den Bienen.

Da war der oftmals etwas knurrige Wubbje „Gorgonzola", der fast nur in Reimform sprach, Käse über alles liebte und ein ganz toller Koch war. Er hatte einen dicken Bauch und lebte in einer kleinen Wohnung in einem verlassenen Maulwurfshügel direkt bei den Johannisbeerbüschen.

Aber nicht nur die Wubbjes waren eingeladen. Auch viele der Tiere machten sich auf den Weg. Grashüpfer, Käfer, Schnecken, Igel und einige Ameisen aus dem großen Bau unter dem Apfelbaum. Auch Regenwurm Rodolfo und einige wohlgenährte, gemütliche Hummeln waren mit ihrem Anführer Hinkebein dabei. Hinkebein zog sein rechtes Beinchen etwas hinter sich her. Dieses hatte er sich einmal gebrochen, als ihn ein gedankenloser Mensch mit einer Fliegenklatsche jagte. Zum Glück hatte die Klatsche nur das Bein erwischt, aber dieses war dann etwas schief zusammen gewachsen.

Auch die lustigen Marienkäfer aus dem großen Birnenbaum waren mit von der Partie. Sie trugen immer ihre Instrumente bei sich. Die Marienkäfer spielten nämlich in einer Band und wurden eigentlich zu jeder Feier eingeladen. Bekannt waren sie als die Musikkapelle „Tätärätätä".

Einige Meisen trällerten fröhlich vor sich hin: „Oh, eine Party, das wird ein schöner Abend heute. Bestimmt gibt es wieder honigverdünntes Wasser, serviert in kleinen Beeren. Das gab es letztes Jahr und das hat sooooo gut geschmeckt." „Und dazu wieder Kartoffelkuchen mit Pollen bestäubt!", lärmte Regenwurm Rodolfo, der mit seinem schlanken Körper und seinem sich hin und her wiegendem Gang ein lustiges Bild abgab. Auf dem Kopf trug er einen schwarzen Zylinder. Er sah ein bisschen wie ein Zauberer aus. Knolle und Flocke freuten sich, dass Rodolfo dabei war. „Na Rodolfo, alter Freund!", rief Knolle. „Schön dich zu sehen, kleiner Kollege!" „Ist doch klar!", krakehlte Rodolfo mit einem breiten Grinsen in seinem Regenwurm-Gesicht. „Wenn schon eine so große Party bei uns stattfindet, dann lass ich mir das doch nicht entgehen. Ich freue mich schon seit Wochen drauf!"

Auch die Wubbjes waren guter Dinge. Gorgonzola, der manchmal ziemlich stark nach Stinkekäse roch, hatte gemeinsam mit den Bienchen schon über eine Woche Spezialitäten aus dem Wubbjeland zubereitet. Er war sich sicher, dass es allen schmecken würde. „Das wird lecker!", johlte er. „Lecker, lecker, kein Gemecker! Gekocht und gebraten. Ich kann`s kaum erwarten. Und es gibt gaaaaanz viel mit Käse, was für die feine Näse. Und wer das nicht mag, der kriegt nur Quark!"

Fast alle Gäste waren gut gelaunt. Nur einige Hummeln aus dem Erdloch beim Gartenteich wirkten heute irgendwie etwas nachdenklich.

Es war ein schöner Nachmittag, ungewöhnlich warm, und die Natur zeigte sich von ihrer besten Seite. Die Sonne fing ganz langsam an zu sinken. Als großer Wärme ausstrahlender Ball näherte sie sich dem Horizont. Überall summte und brummte es. Man hörte in der Ferne Gelächter. Herangetragen von einem warmen Luftzug des Guten-Abend-Frühlingswindes. Ein leichter Geruch von gewürzten Speisen ließ den Neuankömmlingen das Wasser im Mund zusammenlaufen. Die ganze Gegend war im Aufbruch auf dem Weg zur Bienenparty.

Auf dem Platz vor dem Bienenstock herrschte schon ein munteres Treiben. Es summte und brummte in den unterschiedlichsten

Tonlagen. Man hörte Insektenflügel rauschen, knattern und flattern. Die Marienkäfer reihten sich in das große Orchester vor Ort ein. Verschiedene hoch motivierte Schwebfliegen, eine dicke Kröte als Dirigent sowie einige Steinkäuze sorgten für eine tolle Stimmung. Eine kleine Spitzmaus blies zudem einen Dudelsack, sodass es quietschte und tönte, dass sich manch eines der Tiere die Ohren zuhielt. Die Grillen strahlten über das ganze Gesicht und spielten ihre Geigen, das Banjo und den Kontrabass.

Auch viele Wubbjes aus dem Ort tanzten schon vor dem Bienenbau, dazwischen einige Hummeln, Salamander und Eidechsen. Am Rand saßen verschiedene Igel, eine Truppe Siebenschläfer, ein kleiner Marder und natürlich die Hornisse Känguru. Känguru hieß so, weil sie um ihren Bauch immer einen Beutel mit allerlei Spielzeug trug. Seifenblasen, Murmeln, ein paar Lutscher, Luftballons, eine Wasserpistole. Es war ein richtiger Bauchladen, aus welchem sie immer wieder kleine Gegenstände an die Kinder verteilte. „Ihr Kinderchen! Kommt her, wollt ihr Schokolade? Murmeln? Ein Spielzeugauto? Bonbons? Ich habe alles dabei." Eine kleine Traube winziger Tiere hüpfte schon johlend vor der Hornisse auf und ab. Känguru war sehr beliebt bei den Kindern der Tiere.

Auch viele Wildbienen waren auf der Party. Eines müsst Ihr wissen: Honigbienen und Wildbienen unterscheiden sich in vielerlei Hinsicht. Honigbienen wohnen gemeinsam in einem Bau. Wildbienen jedoch sind in der Regel Einzelgänger. Diese leben und überwintern alleine in der Erde, in Mauerfugen, in Stängeln oder Holzlöchern. Aber darüber lernt Ihr später noch mehr.

Die Wildbienen freuten sich immer besonders wenn sie zusammen feiern konnten. Manche von ihnen tranken gekühlten Saft aus kleinen Becherchen.

Der Hirschkäfer Krakolino genehmigte sich wie immer einen großen, frischen Meerrettichsaft aus einem Steinhumpen. Er trank gerne Meerrettichgetränke und holte dann oft ein Kartenspiel heraus. Dann spielte er mit anderen Käfern um ein paar Bucheckern um die Wette. Schon trollten sich einige lustige Gesellen um ihn. Ein gepunkteter Ölkäfer, zwei matte Pillendreher und ein goldglänzender Rosenkäfer. Alle saßen sie um einen kleinen Tisch herum, tranken Nektar oder Saft, erzählten Witze und schlugen sich vor Lachen auf ihre kleinen Insektenschenkel.

Die Bienenkönigin Summsalabim begrüßte die Neuankömmlinge per Handschlag. Sie wirkte liebenswert und freundlich. Eigentlich wie immer, doch ein ungewohnt ernster Gesichtsausdruck fiel Flocke auf. Auch einige ehrenwerte Vertreter der umgebenden Hummelstämme gaben ihnen die Hand. Sie wirkten ebenfalls warmherzig und gastfreundlich, aber nicht so lustig und ausgelassen wie es sonst oft der Fall war.

„Ist etwas passiert?", fragte Knolle. „Naja, nein…vielleicht…nicht direkt. Es ist schwer zu sagen", antwortete die kleine, energische Bienenkönigin. „Wir klären euch nachher darüber auf. Kommt erst einmal an. Macht es euch gemütlich, esst und trinkt etwas", sagte sie freundlich aber gleichzeitig auch etwas bedrückt.

Die kleinen Tiere und ihre Wubbje-Freunde ließen es sich gut gehen. Sie stießen mit verschiedenen Getränken an und freuten sich ihres Daseins. Da gab es Frühlingsnektar in kleinen Bechern und gekochtes Zuckerwasser mit Blaubeeren. Es gab Mais- und Löwenzahnkaffee und Saft von den Äpfeln des benachbarten Menschen-Pfarrers Elvis. Auch tollen Speisen waren reichlich vorhanden: Verschiedene Salate, geröstete Kastanien aus dem Vorjahr, Tannenzapfenspitzen in Zuckerrübensirup eingelegt, Vanillepudding, Pasteten aus Wirsing, Kornblumenblättern und Trüffelpilzen und sogar Maiskörnchen in Senfsoße. Der Tisch war reichlich gedeckt. Und wie das roch, herrlich! Schließt einmal Eure Augen und versucht, Euch das mal vorzustellen.

Den langsam aufsteigenden Duft der heißen Kastanien, die frisch gekochte Senfsoße, leise vor sich hinblubbernder Vanillepudding…Ach, wie ist das schön!

Der Wubbje Gorgonzola lief emsig herum und fragte zuvorkommend, ob es den Gästen denn schmeckte. „Kann man gut essen? Bestimmt nichts vergessen! Gut für den Bauch? Und für die Nase auch?", reimte er. Und ob man das gut essen konnte!

Es schmeckte großartig! Aber dennoch: Irgendetwas war anders als sonst. Die Feier war nicht so ausschweifend und ausgelassen wie es in früheren Jahren der Fall war. Etwas drückte auf die Stimmung.

„Merkwürdig ist das", sagte Flocke, deren knallgelben Haare im lauen Frühlingswind wehten. „Was ist denn hier nur los?"

Pünktlich um sechs Uhr, als die Sonne gerade in der Mitte zweier Fichten stand, flatterte Summsalabim mit ihren Flügeln und flog einen halben Meter in die Luft. Es waren nun mittlerweile hunderte Besucher vor Ort. Sie rief einige der Marienkäfer der Gruppe „Tätärätätä" zu sich. Jene, die gemeinsam ein großes Alphorn spielten. Gleichzeitig erhoben sich zwei der dicken Hummelvorsteher und flogen neben sie. Es waren Hinkebein, der Chef der großen Erdhummelkolonie, und Lutzine, die Anführerin der Mauerhummeln aus der alten Dorfmauer.

Zwei der Marienkäfer hielten das große Alphorn in die Höhe, ehe der Dritte im Bunde einmal tief Luft holte und ein dumpfer Klang über die versammelte Festgemeinschaft schwebte. "Törööööööööööööööööööööööö!", dröhnte es so laut über die Köpfe der Anwesenden, dass es einigen Wubbjes sogar ihre Blumenmützen vom Kopf wehte.

„Alle mal herhören!", rief Summsalabim und die Besucher waren mucksmäuschenstill.

„Zunächst einmal herzlich willkommen. Es ist schön, dass ihr alle da seid. Wir hoffen, ihr habt heute Hunger und Durst mitgebracht und natürlich auch gute Laune. Wir freuen uns heute, ein gemeinsames Fest mit Tieren und Wubbjes zu feiern. Aber leider gibt es auch schlechte Nachrichten."

Ernst schaute sie die Besucher an. Man hätte eine Stecknadel fallen hören können. Auch die Hummelchefs Hinkebein und Lutzine stocherten brummend und summend und etwas betreten mit ihren kleinen Füßchen in der Luft herum.

„Wir wissen nicht ob wir nächstes Jahr noch einmal das Fest ausrichten können. Offen gesagt: Wir sind uns noch nicht einmal sicher, ob wir nicht den Landstrich verlassen müssen und nächstes Jahr überhaupt noch hier sein werden." Stumm nickten die beiden Hummeln.

Keiner der Gäste sagte ein Wort bis sich schließlich Knolle meldete: „Ja, aber wieso? Was, was, was ist denn los?", fragte er ganz verdattert. Und da hallte es aus der ganzen Menge. "Ja, wieso? Geht es euch denn hier nicht gut? Stimmt etwas nicht? Woran liegt es denn? Was können wir tun?"

„Es ist das Nahrungsangebot", sagte Summsalabim. „In den letzten Jahren stellen wir fest, dass es immer weniger Blumen und Blüten gibt. Dieses Jahr haben unsere Kundschafter festgestellt, dass die Menschen die drei großen Obstwiesen am Dorfrand umbauen. Viele Bäume sind schon gefällt. Wir wissen nicht, was sie dort vorhaben, aber die Obstbäume sind eine wichtige Nahrungsgrundlage für uns." „Ja", brummelte Hummel Lutzine mit ihrer tiefen Stimme. „Auch wir können ohne die Obstbäume hier eigentlich kaum leben. Der Pollen ist auch für uns ganz besonders wichtig. Und in den Gärten der Menschen und auf den Feldern finden wir kaum noch das, was wir zum Leben brauchen.

Viele der Menschen reißen die Wildblumen in ihren Gärten einfach heraus. Sie sagen, es sei Unkraut. Was für ein Quatsch! Es kann sein, dass es schon dieses Jahr nicht mehr für uns reicht. Wir können natürlich von weiter entfernten Blühwiesen unsere Nahrung holen, aber das kostet Kraft und Energie. Und dann kommt noch hinzu, dass viele Menschen komisches Zeugs auf Felder und Bäume sprühen. Irgendwas unsichtbares, was aber merkwürdig riecht."

„Ja, stimmt! Das habe ich auch schon gemerkt!", rief einer der Ohrenkneifer. „Das schmeckt leicht bitter. Ich weiß nicht, was das ist." Und auch einer der Kartoffelkäfer, der mit seiner Großfamilie in einem Rapsfeld wohnte, schrie: „Ja, neulich waren sie wieder da. So eine Art künstlicher Regen, ich habe sicherheitshalber die Kinder ins Haus geholt. Man weiß ja nie!"

Summsalabim meldete sich: „Ein befreundetes Bienenvolk, weit hinter den Bergen, hat davon schon letztes Jahr gesprochen. Es heißt, es sei ein Wasser, was angeblich gegen Baumkrankheiten helfen soll. Und das Zeug soll schlecht für viele Wildpflanzen sein. Scheinbar wirkt es auch sehr schädlich auf unsere Freunde die Maikäfer." Stille…, kein Maikäfer war heute zur Feier erschienen. Erschrocken und mit großen Augen schauten sich die Wubbjes und die Tiere an. „Das benachbarte Volk hat viel von dem Nektar und Pollen gegessen. Viele haben später von Kopf- und Bauchschmerzen berichtet. Einigen war übel. Das war fürchterlich! Fast die ganze Ernte war nicht zu gebrauchen."

Das war schlimm für die kleinen Insekten. Sie brauchten doch den süßen Pflanzensaft, den Nektar, um davon zu leben. Und auch der Pollen, der Blütenstaub der Pflanzen, ist eine ganz wichtige Nahrungsquelle.

„Ja, aber…", rief das kleine Wubbje-Mädchen Lolly, welche mit ihrer orangen Haarpracht sehr auffällig war: „Das dürfen die Menschen doch nicht einfach! Das geht doch nicht einfach so!"

„Doch", sagte ihr Vater Knolle, „Sie meinen es oftmals nicht böse, aber sie machen einfach was sie wollen. Sie sehen uns Wubbjes oder die kleinen Tiere ja nicht. Sie interessieren sich oftmals nicht für uns. Nur ganz selten hat einmal ein Wubbje mit einem Menschen sprechen können. Menschen handeln nicht immer klug, oft aus Unwissenheit. Manchmal aber auch, weil sie etwas rücksichtslos sind und zuweilen, weil sie zu wenig nachdenken."

„Wir müssen ihnen das einfach mal sagen!", schrie Lolly, die sich mit ihrer blauen Zipfelmütze und den orangen Haaren zunehmend erhitzte. Hinter ihrer kleinen Brille begannen ihre Augen erbost zu funkeln. Lolly ging noch in den Kindergarten, aber sie verstand schon sehr gut, was um sie herum geschah.

Zustimmend nickten die Tiere. Viele von ihnen hatten schon aus unterschiedlichen Gründen versucht, mit den Menschen zu sprechen. Oftmals regten diese sich jedoch nicht oder verscheuchten die Insekten einfach mit der Hand. Die kleinen Tiere mussten sogar aufpassen, nicht plötzlich von den Menschen erschlagen zu werden. Auch Mäuse, Igel, Eulen und eigentlich auch fast alle anderen hatten schon ihr Glück versucht. Doch die Menschen verstanden die Tiersprachen schlichtweg nicht.

„Ein Problem ist auch, dass die Menschen auf ihren Feldern oftmals nur eine einzige Sorte anbauen, zum Beispiel Mais", sagte Summsalabim. „An den Feldrändern wachsen oft auch keine Blumen oder Wildkräuter. Keine Mohn- oder Kornblumen, keine Kamille, keine Königskerze, keine Sommerwicke und keine Akelei, nichts. Und viele Gärten sehen so geschniegelt und gestriegelt aus. Da gibt es keine Chance für blühende Wildpflanzen. Die werden einfach rausgerupft und weggeschmissen. Es ist ein Jammer, dabei ist Buntes doch so schön…"

Ja, das stimmte. Es fiel mittlerweile auf, dass die bunten, farbenfrohen Blüten in der Landschaft weniger geworden waren. Dabei sind doch viele Pflanzen so hilfreich. Die gelbblühende Königskerze zum Beispiel wird gerne von Insekten besucht. Und den Menschen helfen die Blüten als Tee gegen Husten, doch das wussten die meisten Dorfbewohner nicht.

„Das heißt, ihr müsstet wegziehen, wenn das Angebot nicht besser wird?", fragte Flocke traurig. „Ja", sagte Summsalabim. „Ja", sagte auch die Hummel Hinkebein und auch die Erd- und Mauerhummeln und ganz viele Wildbienen murmelten ein leises „Ja". Doch nicht nur diese. Auch die Schmetterlinge, es waren viele Pfauenaugen, Zitronenfalter und Admiräle auf der Feier, riefen: „Uns geht es genauso. Wir brauchen die blühenden Blumen. Das ist unsere Nahrung!" Und auch Schweb- und Florfliegen und viele, viele andere Insekten stimmten ein.

Die Wubbjes und die Tiere waren betroffen. Lange Jahre lebten sie nun schon gemeinsam im Wubbjeland. Manchmal gab es Meinungsverschiedenheiten, ganz selten auch Streit. Aber letztlich achteten sich alle gegenseitig und halfen sich, wo sie nur konnten. Das war doch Ehrensache. Sich zu unterstützen macht glücklich. Dass die Situation jedoch so ernst war, hatten viele nicht gewusst.

Flocke äußerte: „Und wenn wir euch helfen, die Blumensamen einzusäen? Wir Wubbjes haben doch mehrere große Erdhöhlen, in welchen wir die Samen für den Winter lagern. Kapuzinerkresse, Löwenzahn, Steinklee, Kratzdistel, Wiesenkerbel, Taubnessel, wir können alles einlagern, was ihr so braucht!" Summsalabim rief: „Danke für die Überlegungen. Wenn ihr uns helfen wollt und könnt, dann nehmen wir das gerne an. Wir würden aber auch verstehen, wenn das etwas zu viel ist. Schließlich sind wir Bienen und Hummeln sehr zahlreich. Wir wissen wie schwierig es ist, für alle gleichermaßen Pollen zu besorgen." Einige der Arbeiterbienchen fingen leise an zu weinen.

„Stoppt mal alle!", rief Knolle, der mittlerweile seinen Hut abgenommen hatte. Seine wilden, struppigen Haare breiteten sich nach allen Seiten aus. „Wir müssen da etwas machen. Wir leben schon so lange zusammen. Und wenn ihr nicht Blumen, Sträucher und Bäume bestäubt, was wird dann aus uns allen?" Knolle besaß sehr viel Wissen über die heimische Pflanzenwelt. „Es gibt dann keine Äpfel und Birnen, keine Kirschen und auch keine

Pflaumen mehr. Die Blumen werden noch weniger, die Landschaft wird noch ärmer. Das wäre das Aus für uns alle. Wir müssten alle wegziehen." „Ich ziehe doch hier nicht weg!", grummelte Frosch HüpfeHops. „Ich lebe schon immer hier!". „Wir auch!", schnaufte Hummel Hinkebein. „Woanders müssen wir alles neu aufbauen, wir fangen ganz von vorne an. Das will nun wirklich keiner." Flocke rief: „Nein, das geht nicht! Wir müssen etwas machen. Wir alle, gemeinsam, schon in den nächsten Tagen muss es losgehen!" Ein Murmeln ging durch die Gemeinschaft, viele nickten mit dem Kopf. Eine große Eule rief: „Ich bin dabei!". Auch einige Frösche und die schüchterne Blindschleiche Selma schlossen sich an.

„Und wir sollten versuchen, irgendwie mit den Menschen zu reden! Auch das ist wichtig!", die kleine Lolly nickte eifrig. „Irgendwer von denen muss uns doch hören." „Ich glaube nicht, dass die uns hören oder verstehen werden", sagte Knolle. „Aber trotzdem können wir die Situation nicht einfach so tatenlos hinnehmen. Ich schlage folgendes vor: Alle, aber wirklich alle, halten in den nächsten Tagen Ausschau nach Plätzen in der Natur, wo wir vielleicht Blumen einsäen können. Egal ob irgendwo am Wegesrand, an den Feldern, im Wald, ganz egal. Und wir alle helfen dabei, die Samen zu sammeln. Wir sammeln alles, was schön blüht und Nektar und Pollen anbietet. Wir sammeln gemeinsam und lagern sie in unseren Erdhöhlen ein. Und nächstes Jahr im Frühling säen wir das alles aus. Es wird ganz schön anstrengend. Aber nur so kann es gehen!"

Aufbruchstimmung machte sich breit. „Wir helfen alle!", rief der drollige Frosch HüpfeHops mit seinem breiten Froschmund. „Ist doch Ehrensache! Wir gehören doch zusammen! Wir sind eine Mannschaft!" Das Gesicht von Summsalabim hellte sich auf. Flocke hatte das Gefühl, eine kleine Träne der Rührung in ihren großen Augen zu erkennen. „Na klar schaffen wir das! Gemeinsam sind wir doch stark, da kann uns doch keiner was, oder?" „Genau!", „Na klar!", „So wird es gehen! Das lassen wir nicht mit uns machen!" Wubbjes und Tiere waren nun in trotziger „Jetzt-erst-recht-Stimmung". Knolle gab das Kommando: „Gut, jeder der mithelfen möchte, kommt übermorgen gegen Mittag bei uns vorbei. Sagt allen Bescheid. Wir brauchen jeden Fühler, jeden Flügel, jede Kralle, Pfote, jeden Schnabel, um das zu schaffen. Aber das kann etwas ganz Großes werden!"

Die Gesichter der Hummeln und Bienen hatten sich mittlerweile aufgehellt. „Danke, Danke, Danke!", summte es von allen Seiten. „Danke, dass ihr das für uns macht!" „Ist doch klar!", brüllte Gorgonzola. „Wir machen das für euch. Für uns macht ihr ja auch viel Zeuch. Wir sind eine Einheit, nur so geht`s in die Freiheit!" Hirschkäfer Krakolino und seine Kumpels hoben ihre Steinkrüge mit Waldbeerensaft und riefen voller Energie: "Los geht es, einer für alle, alle für einen!". Summsalabim nickte glücklich: „Ich hatte gehofft, dass ihr uns nicht im Stich lasst!"

2.1 Los geht es!

Zwei Tage später, erneut ein schöner, sonniger Frühlingstag, waren sie alle da. Sie trafen sich vor dem alten Baumstamm von Flocke und Knolle, neben dem blühenden Forsythienbusch. Das war erneut ein Geschwirre und Gewirre, ein Gebrabbel und Gesabbel. Vögel piepten, Mäuse fiepten, alle wollten sie helfen. Igel, Feldhamster, Hummeln und Bienen, ganz viele Wubbjes, Kröten, Lurche, Salamander, Frosch HüpfeHops, Hirschkäfer Krakolino, ein paar Eulen mit verschlafenen Augen, denn es war ja Tag. Sogar einige Fledermäuse, ebenfalls hundemüde, waren dabei. Genauso wie Wolle, das kleine Wildschein mit seiner Wühlnase. Alle warteten sie aufgeregt vor dem Haus von Knolle und Flocke. Es hatte sich binnen zwei Tagen überall herumgesprochen, dass die Lage ernst war und alle wollten ihren Beitrag leisten.

Knolle rieb sich verwundert die Augen: „Mit so viel Unterstützung habe ich nicht gerechnet", sagte er. Summsalabim klatschte begeistert mit ihren Flügeln und auch die Hummeln Hinkebein und Lutzine waren gerührt und glücklich. Knolle krabbelte den Baumstamm hinauf, damit man ihn besser sah und hörte.

„Also, wir teilen uns für die nächsten Monate auf. Ihr Eulen und ihr Bussarde, ihr sucht die Gegend ab. Schaut ihr mal nach Feldstreifen, Waldlichtungen und unbepflanzten Ecken. Gorgonzola, Frosch HüpfeHops, Summsalabim und Hinkebein. Ihr sucht euch noch Mitstreiter. Ihr sammelt das Saatgut ein. Sammelt so viel wie ihr nur könnt. Tragt alles zusammen, was ihr findet.

Regenwurm Rodolfo und ihr Maulwürfe, und Wildschwein Wolle, ihr bereitet den Boden für die Aussaat vor, ok?"

Und so wurde es gemacht.

Es war zuweilen ein drolliger Anblick. Wenn die Wubbjes und die Tiere arbeiteten, dann trugen sie kleine lilafarbene Anzüge, aus stabilem Stoff mit Heidelbeersaft getränkt. Auf dem Kopf schützten sie halbierte, ausgehöhlte Kastanien, damit ihnen nichts passierte. Manche trugen auch Eichelkappen oder einen Schutz aus Baumrinde. Die kleinen Gesellen gönnten sich keine Pause. Oftmals keuchten und schwitzten sie in der Sonne. Den ganzen Frühling, erst Recht natürlich im Sommer und bis mitten in den Herbst hinein wurde daran gearbeitet, Samen und Kerne der unterschiedlichsten Pflanzen zusammenzutragen.

Ganze Ameisenstämme schleppten Apfel- und Sonnenblumenkerne, Disteln, Kapuzinerkresse, Löwenzahn- und Kornblumensamen.

Hunderte von Wubbjes streunten durch Wälder und Felder, um Holunderbeeren, Mohn, Wiesen-Kümmel, Saatgut für Königskerzen, Bohnen, Malven, Buchweizen, Ringelblumen, Stockrosen, Akeleien oder auch die Kerne der Wildkirsche einzusammeln. Nichts was blühte wurde ausgelassen. Kolonnen von Kellerasseln und Ohrenkneifern transportierten Weidenstecklinge durch die Gegend. Hirschkäfer Krakolino und seine Jungs waren ebenfalls dabei. Denn Weiden, müsst Ihr wissen, mit ihren Weidenkätzchen, stellen eines der ersten Nahrungsangebote im Frühjahr überhaupt dar.

Frosch HüpfeHops half hüpfend mit, kleine Körbchen mit Saatgut über die Wiesen zu tragen. An manchen Tagen sah man Karawanen von Marienkäfern und Wildbienen durch die Luft schwirren. An dünnen Spinnenweben hingen Samen von Fenchel und Lavendel, Stachelbeere und Gartensalbei.

Viel Urlaub oder freie Tage hatten die Wubbjes und ihre kleinen Freunde in diesem Jahr nicht. Manchmal ächzten und stöhnten sie ganz schön. Aber für alle war es selbstverständlich, den Hummeln und Bienen, den Schmetterlingen und Schwebfliegen und den vielen, vielen anderen Insekten zu helfen. Schließlich war auch allen klar, dass sie sich damit selber halfen. Ohne Blumen und Obstblüte keine Hummeln, Bienen und Insekten. Ohne Insekten keine Befruchtung der unterschiedlichen Blühpflanzen. Ohne Befruchtung keine Äpfel, Pflaumen und Kirschen. Kein Holunderbeerensirup, kein leckerer Bohneneintopf, keine Himbeermarmelade, kein Birnenkuchen und keine wohlschmeckenden Kerne im Guten-Morgen-Müsli. Es würde bedeuten zu hungern und vielleicht sogar wegziehen zu müssen. Ein hungriger Bauch? Nein, das wollte niemand. Wegziehen, aus dem Land, in dem sie schon seit Hunderten von Jahren lebten? Nein das ging nicht. Auf keinen Fall! Ohne Blühpflanzen wäre es ein langweiliger Frühling und ein langweiliger Sommer. Und viele Blumen blühen ja sogar noch in den Herbst hinein. Ein Leben ohne rote, blaue und gelbe Farbtöne in der Natur? Könnt Ihr Euch das vorstellen? Würdet Ihr das wollen? Kein Lila, kein Blau, kein Rot, undenkbar! „So ein Leben wollen wir nicht!", sagten sich Tiere und Wubbjes. „Nein, nein, nein! Wir machen da nicht mit!" Im Herbst waren die Saatgutlager voll bis oben hin. Proppevoll, es ging wirklich nichts mehr hinein. Nicht einmal ein Fenchelsamen hätte noch hineingepasst. Wubbjes und Tiere waren zufrieden aber auch ganz schön müde. Die Zwiebeln für Narzissen, Krokusse, Tulpen und Osterglocken hatten sie schon eingepflanzt, denn die müssen im Herbst in die Erde.

„Puh, das war eine Arbeit!", seufzte Knolle. Die Bienenkönigin Summsalabim und die Hummeln Hinkebein und Lutzine nickten müde mit ihren Köpfen. Sie waren völlig entkräftet und ausgelaugt, genau wie so viele der zahlreichen Helfer. Und es war kein Tag zu früh. Die Blätter hatten sich schon gelb und rot verfärbt und leuchteten in hellen Farben. Nachts war es manchmal schon sehr kühl. Morgens stand ein kalter und nasser Nebel auf den Feldern. Die Sonne stand lange nicht mehr so hoch am Himmel wie noch im Sommer. Es roch abends oft schon modrig-trüb und manchmal wehte und regnete es ungemütlich durch das kleine Wubbjeland.

Und eines Nachmittags im Spätherbst war es dann soweit. Viele der Tiere wünschten sich gegenseitig eine gesegnete Nachruhe. Bienen und Hummeln hatten bereits ihre Schlafanzüge angezogen und nisteten sich in ihren Behausungen ein. Die Igel rollten sich in ihren Höhlen und Laubhaufen zusammen. Schmetterlinge und eine Vielzahl anderer Insekten setzten sich ihre Nachtmützchen auf, zogen sich gähnend zurück und wünschten sich angenehme Träume. Es wurde ruhig im Wubbjeland.

„Uff!", sagte Flocke. Ihre knallgelben Haare fielen durch den Regen etwas strähnig nach unten. „Endlich einmal eine längere Pause!", murmelte sie, während sie ihre blauen Füße schläfrig in Richtung des warmen Ofens hielt.

Sie und Knolle hatten sich mit ihren Kindern Lolly und Mungo in ihren Baumstamm zurückgezogen und tranken eine heiße Tasse Brennnesseltee mit Honig. Brennnesseltee ist nämlich sehr lecker und gesund, wisst Ihr? Den solltet Ihr auch mal probieren.

Von oben trommelte der Regen auf den Baumstamm und es war sehr gemütlich in der kleinen Küche. Dort hingen Kräuter zum Trocknen an der Decke, warme Wandteppiche schmückten die Wände und einige kleine Stühle standen um den Ofen in der Mitte des Raumes herum.

Bald darauf zog der Winter ins Land und es wurde bitterkalt. Tieren und Wubbjes machte das nichts. Viele hielten ja Winterschlaf, eng aneinander gekuschelt, um sich gegenseitig zu wärmen. Die meisten Insekten hatten die Öffnungen zu ihren Behausungen verschlossen. Der kalte Wind konnte ihnen nichts anhaben. Die Wubbjes trugen seit Generationen in der kalten Jahreszeit Wollkleidung. In dicken Schals und Jacken stapften sie manchmal aus ihren Behausungen hinaus, um nach dem Rechten zu sehen. Der erste Schnee fiel und man sah viele kleine Schornsteine, welche rauchend aus dem kalten Weiß guckten.

Viele Vögel waren vor dem langen Winter schon weit nach Süden gezogen. Singdrossel, Hausrotschwanz und Zilpzalp zum Beispiel. Das Gezwitscher und Tirilieren fehlte im Wubbjeland. Es war merklich ruhiger geworden. In der Nacht hörte man zuweilen keinen Mucks.

Die Tiere und die Wubbjes blieben nun meist in ihren Behausungen. Wenn sie nicht schliefen dann spielten sie Karten oder Mensch-ärger-dich-nicht. Sie bastelten gemeinsam oder trafen sich mit Freunden in ihren Höhlen, Gängen, ausgepolsterten Astlöchern, Konservendosen, einem gut geschützten Reisighaufen oder wo es sonst noch schön warm war.

Es war knackig kalt und die Tage zogen so durchs Land. Die ganze Landschaft lag still und leise unter einer dichten Schneedecke. Die Schneeflocken rieselten vom Himmel und wurden vom Wind ordentlich durcheinandergepustet.

Eines Morgens jedoch, es lag noch immer Schnee, stapfte Flocke durch den Wald. Sie wollte ihren Freund Wolle das Wildschwein besuchen. Und siehe da, es steckten schon die ersten Schneeglöckchen ihre noch geschlossenen Knospen nach draußen. Und dann ging es Schlag auf Schlag. Der Schnee schmolz und kleine Bäche von getautem Eiswasser flossen leise gurgelnd und sprudelnd durch die Landschaft. Die Sonne wurde jeden Tag etwas wärmer und blieb nun auch etwas länger am Himmel stehen. Morgens stand der Nebel nicht mehr so dicht über den Feldern. Überall knisterte, wisperte und rumorte es in der Natur. Flocke sagte zu ihren Kindern Mungo und Lolly: „Bald ist es soweit, hört ihr das?" Tatsächlich, wenn man ganz leise war und sein Ohr an die Schilfgräser oder Blumenstängel hielt, oder sich einfach auf den noch etwas feuchten Boden legte, dann hörte man es: Hier ein leises Flüstern, dort ein unterdrücktes Husten. Zuweilen ein Gähnen oder das Geräusch, wenn sich ein Grashüpfer oder eine Hummel beim Aufwachen streckt. Das Schlurfen von Füßchen, wenn sich ein kleiner Insektenkörper zum Nachttopf bewegt.

Versucht mal im Frühling zu lauschen. Probiert es ruhig einmal aus. Ihr werdet überrascht sein, was Ihr nach einem langen, nasskalten Winter im Frühling so alles hört.

Einige etwas zu früh geratene Krokusse, Schneeglöckchen, das Scharbockskraut und vereinzelte, gelbe Winterlinge steckten ihre Blätter hinaus und öffneten vorsichtig ihre Blüten. Da kam er langsam und auf schleichenden Sohlen ins Wubbjeland, der Frühling.

Die ersten Knospen an den Sträuchern öffneten sich, es begann ganz leise in der Luft zu summen und zu brummen. Vögel flöteten ihre Lieder in die Gärten. Die Meisen zogen fröhlich ihre Runden am Himmel. Manche flogen sogar einen Looping. Auf einem Hügel standen einige Wubbjes und klatschten begeistert Beifall. Sie freuten sich, dass die kalte Jahreszeit vorüber war. Ständig am Ofen in den Behausungen zu leben fanden sie dann auf Dauer doch etwas langweilig. Sie begrüßten nun ihre Freunde die Tiere, welche aufgeregt und voller Vorfreude ihre Nasen in die klare Frühlingsluft streckten.

Trotz aller Freude, das Wachsen und Leben in der Natur zu sehen, es blieb noch einiges an Arbeit. Schließlich hatten die Wubbjes und die Tiere ja den Entschluss gefasst, für vielfältige Nahrung bei den Insekten zu sorgen.

Und so kam es dann auch. Sie versammelten sich vor dem Baumstamm, in welchem Flocke und Knolle mit ihren Kindern wohnten. Nicht ganz so voller Tatendrang wie noch im letzten Jahr, denn nach dem langen Winter brauchte es erst einmal etwas Zeit um loszulegen. Knolle hielt eine kleine Ansprache. Er trug mal wieder seine bereits zerschlissene Arbeitskleidung. Seine Füßchen steckten in stabilen Bucheckernhülsen und auf seinen lila Haaren steckte eine ausgehöhlte Kastanie als Arbeitshelm.

Das Wildschein Wolle und Regenwurm Rodolfo begannen, den Boden etwas aufzulockern. Gemeinsam räumten sie Steine weg, um dann Kerne und Samen einzupflanzen. Das war wieder eine Schufterei! Regenwurm Rodolfo hatte Tausende seiner Regenwurmkollegen dabei. Alle gruben den Boden durch und sorgten für eine tolle Belüftung. Wolle wühlte mit seiner großen Wildschweinnase ordentlich durch die Erde. Hummeln und Bienen schleppten eifrig das Saatgut heran. Die Wubbjes und Tiere arbeiteten überall. Sie arbeiteten sogar nachts, wenn der Mond den Wald hell erleuchtete. Auch die Vögel halfen mit. Die Blaumeisen pickten mit ihren Schnäbeln den Boden durcheinander und die Eichhörnchen wühlten auf allen vier Pfoten gleichzeitig.

Schon wenige Wochen später blühten die ersten Weidenkätzchen und auch einige Krokusse in voller Pracht. Die Tiere jubelten und die Wubbjes umarmten sich. Das war tolles Insektenfutter, das war eine wichtige Lebensgrundlage. Und wie schön das aussah! Es leuchte rot und gelb, weiß und violett. Ein Traum für die Augen. Und wie toll das duftete! Die Wubbjes hielten ihre Nasen ganz dicht an die Blütenkelche heran. Herrlich! Ein so schöner, süßlicher, blumiger Duft.

In den nächsten Wochen pflanzten sie weiter Samen und Kerne ein. Sonnenblumenkerne, Kornblumensamen, Mohn und Melisse. Und es wuchs und blühte, es schoss und spross. Es war eine farbliche Vielfalt, dass sich jeder im Dorf verwundert die Augen rieb. Von den Menschen kam sogar ein Fernsehteam ins Wubbjeland, um über das ungewöhnliche Ereignis zu berichten. Auch die Zeitung des Bezirkes schickte einen Reporter.

Überall bunte Farben, helle, leuchtende Blüten. Löwenzahn, Beinwell, Glockenblumen, manches Mal schon eine frühe Mohnblume. Auch die vorhandenen Obstbäume blühten im Frühling schon in einem strahlenden Weiß. Viele Blumen wuchsen langsam aber stetig in die Höhe. Sie würden im Spätfrühling und im Sommer für die Nahrung der Hummeln und Bienen sorgen. Das wird ein farbenfrohes, schönes Bild. Die Insekten werden ein glückliches Jahr haben.

Auf dem jährlichen Fest der Bienen am großen Bienenstock, in der hohlen Eiche am Wassersprudelbach, gab es auch dieses

Jahr wieder eine große Party. Alle waren sie da: Ohrenkneifer, Maulwürfe und natürlich auch der Frosch HüpfeHops. So ziemlich alle Wubbjes aus dem Wubbjeland, Marienkäfer, die Kellerasseln, Wolle das Wildschwein, Wildbienen, ganz viele Insekten, alle. Sie lachten und sangen und schlugen sich vor lauter Stolz und vor Freude auf ihre kleinen Schultern. Die Eichhörnchen sprangen begeistert und keck von Baum zu Baum.

Diesmal war die Feier anders als im letzten Jahr. Keine bedrückten Gesichter bei Schmetterlingen, Florfliegen, Hummeln und Grashüpfern. Keine sorgenvollen Mienen, keine Angst in den großen Augen der Hummeln und Bienen. Ihr könnt mir glauben, so ein ausgelassenes Fest gab es selten im Wubbjeland! Die Königin Summsalabim flog in die Höhe, in der Hand einen großen Becher Saft. „Danke, Danke, Danke!", jubelte sie. „Danke an alle Wubbjes und Tiere, die uns geholfen haben. Danke an euch alle. Ihr habt dafür gesorgt, dass wir auch dieses Jahr wieder eine gute Pollen- und Nektarernte haben werden. Wir können hier bleiben, in unserem Zuhause im Wubbjeland!" Flocke hatte Tränen der Rührung in den Augen und auch Frosch HüpfeHops wurde ganz sentimental. „Wir haben gezeigt, was wir erreichen können, wenn wir alle zusammenhalten. Grashüpfer, Bienen, Vögel, Käfer, Wubbjes, Regenwürmer, wir und ihr alle. Und natürlich auch du, Wolle!" Wolle errötete leicht, grunzte leise und wühlte leicht verschämt mit seiner Nase in der Erde herum. „Wir bleiben hier und werden weiterhin Obstbäume und Gemüse-pflanzen bestäuben können. Auch für eure Nahrung ist somit gesorgt. Und jetzt hebt eure Becherchen und stoßt mit uns an. Wir haben es geschafft!"

Und sie lachten und feierten noch lange in die Nacht hinein. Wenn man sich gegenseitig hilft, dann kann man alles erreichen.

3. Ein Ausflug in den Boden

Die Wubbjes lebten schon lange mit den Tieren gemeinsam im Wubbjeland. Vieles wussten sie natürlich über sich. Die Wubbjes waren sozusagen echte Experten, was das Leben der Tiere anging. Eines Tages aber fragte Mungo: „Du Flocke, was machen eigentlich die Regenwürmer so den ganzen Tag? Ich sehe Rodolfo ja manchmal in der Erde wühlen. Ich weiß aber gar nicht so genau, was er da so vorhat?"

Auch Flocke fuhr sich nachdenklich mit der Hand durch ihre knallgelben Haare und kaute auf einer roten Strähne herum. „Hm…gute Frage!", sagte sie. „Er sorgt für eine Bodenverbesserung, dadurch, dass er den Boden auflockert. Es kommt somit viel Luft in die Erde und das ist gut für die Pflanzen. Wenn ich ehrlich bin, viel mehr weiß ich darüber auch nicht." Auch Knolle nickte stutzig: „Stimmt. Geht mir ähnlich. Warum fragen wir ihn nicht gleich einfach mal?" Mungo, ausgestattet mit einer feuerroten Haarpracht, holte noch schnell seine Schwester Lolly aus ihrem Kinderzimmer in der großen Spechtwohnung. Dann fuhren sie auf ihren klapprigen Rollern gemeinsam mit Flocke und Knolle auf einen Acker in der Nachbarschaft. Regenwurm Rodolfo war dort mit einigen Kollegen gerade bei der Arbeit.

Rodolfo verlegte gerade einige kleine Röhren aus getrockneten Schilfstängeln, scheinbar um den Boden zu entwässern. Es war gerade Sommer im Wubbjeland und abends gab es oft warme

Gewitterregen. „Du Rodolfo!", rief Mungo. „Sag mal, was macht ihr Regenwürmer eigentlich so den ganzen Tag?" Rodolfo schmunzelte und freute sich, dass er einmal über seine Tätigkeiten reden konnte. „Oh…das ist ganz viel. Wenn ihr etwas Zeit habt, dann erzähle ich es euch gerne." „Jaaaaa!", riefen Lolly und Mungo aus einem Munde.

Rodolfo nahm seinen Arbeitshut vom Kopf, wischte sich erst einmal den Schweiß ab und schenkte den Wubbjes fröhlich ein Glas erfrischender Limonade ein. „Wir Regenwürmer machen sehr viel. Viel mehr als manche denken. Genau genommen sind meine Kumpels und ich ja keine Regenwürmer, wir sind sogenannte Mistwürmer. Oftmals sind wir ja auf Mist- oder Komposthaufen aktiv. Wir sind den Regenwürmern aber sehr ähnlich."
Mungo nickte: „Ah, und was macht ihr da so?"

Rodolfo gab den vier Wubbjes einige Sicherheitshelm-Kastanien und Taschenlampen. „Kommt mal mit. Wir machen gleich eine Reise unter die Erde. Ihr werdet staunen!"
Gemeinsam stapften sie zu einem dunklen Eingang, welcher in den Boden führte. Zahlreiche Schläuche und Kabel ragten dort hinein. Auch stand dort eine kleine Dampflokomotive. Auf Eisenbahnschienen war es scheinbar möglich, mit dem klapprigen Gefährt in den dunklen Boden hinein zu fahren. An die Lokomotive waren einige kleine Lastwaggons gekoppelt.

„In der Regel leben und arbeiten wir ja dort, wo noch verbleibendes Pflanzenmaterial vorhanden ist." Rodolfo zeigte auf diverse Pflanzenstängel und Pferdemist, welcher auf dem Feld herumlag. „Das Zeug wird dann zunächst einmal von ganz, ganz kleinen Helfern angefressen. Zum Beispiel helfen uns Kuno und Knut die Kellerasseln dabei. Sie nagen an den Resten und zerkleinern sie. Auch einige Fadenwürmer unterstützen uns. Wichtig ist, dass die Stoffe immer schön feucht sind. Und viele Kleinstlebewesen, wie zum Beispiel winzige Pilze und Bakterien, sind auch aktiv und helfen uns. Die meisten dieser Lebewesen kennt jedoch kaum einer. Sie leben ja fast nur im Boden und sind kaum zu erkennen. Man braucht mindestens eine Lupe dazu. Steigt mal ein, ich zeige euch das mal!"

Gemeinsam stiegen sie auf eine kleine Plattform hinter der Dampflok. Leise tuckernd fuhren sie nun gemeinsam in das Dunkle hinein. Ein bisschen unheimlich war das ja schon. Welches Geheimnis würde sie dort wohl erwarten? Ein bisschen Licht gab es in dem Tunnel. An der Lokomotive waren einige Scheinwerfer angebracht. Zudem gab es in dem Gang, der mit leichter Neigung nach unten führte, auch einige Lampen. So konnten sie im schummerigen Licht erkennen, dass an den Seiten des Ganges viele Pflanzenwurzeln nach unten wuchsen. Die Wubbjes staunten.

Rodolfo sagte: „Viele Lebewesen sind so klein, dass man sie mit bloßem Auge kaum sieht, wisst ihr? In einem kleinen Stück Boden leben Millionen und Abermillionen von diesen ganz kleinen Helfern." Lolly nickte. Ihr Vater hatte ihr darüber einmal aus einem Buch vorgelesen. „Und ohne diese Helferlein? Also ohne Knut und Kuno und die ganzen noch viel kleineren Winzlinge könntet ihr das grüne Material gar nicht zu euch nehmen?" „Stimmt", sagte Rodolfo. „Wir sind auf unsere Freunde angewiesen." Mit einem lauten Zischen stoppte die Eisenbahn in einer Kurve. „Alle mal aussteigen!", rief Rodolfo.

Vorsichtig stiegen die Wubbjes von der Plattform und schalteten ihre Taschenlampen an. Und tatsächlich, in einem Nebengang sahen sie in fahlem Licht eine ganze Menge kleine Kellerasseln, welche gerade zufrieden an einem alten Maiskolben knabberten. „Moin Moin!", rief Rodolfo. „Alles ok, Jungs? Kommt ihr voran?" „Logo!", riefen die kleinen Kellerasseln mit vollem Mund zurück. Rodolfo holte eine riesengroße Lupe aus einem Schrank hervor und leuchtete mit einem Strahler auf eine Ecke in dem schummerigen Gang. „Schaut mal her!", sagte er. „Das habt ihr noch nicht gesehen." Und tatsächlich, bei genauem Hinsehen durch die Lupe konnten die Wubbjes in dem hellen Licht ganz winzige kleine Dinger erkennen. So klein, dass man sie mit bloßem Auge nicht entdecken würde. Sie futterten gerade an einem alten Stück Pferdemist. „Ihr werdet es vielleicht nicht glauben, aber so etwas schmeckt denen, und uns auch", sagte er stolz. „Wir fressen aber nicht nur Grünzeug oder Tiermist, wir fressen auch altes, durchweichtes Papier und sogar Pappe. Das schmeckt richtig gut. Lecker!" Rodolfo rollte verträumt mit den Augen bevor er sich mit seiner Zunge über den Mund fuhr. „Ihr futtert Pappe?", fragten Mungo und Lolly ganz verblüfft.

„Oh ja, so etwas lieben wir. In manchen Gärten werfen die Menschen, die das wissen, sogar Pappe auf den Kompost. Wenn es regnet, dann ist es gerade im Sommer darunter schön kühl und die Stoffe in der Pappe sind für uns wichtige Nahrung. Außerdem ist es darunter dunkel. Ihr wisst ja, Licht mögen wir nicht besonders. Zuviel Licht kann uns sogar krank machen und wir können austrocknen", sagte er, um danach einen Fingerhut Wasser über seinem Kopf auszuleeren. „Das heißt, an der Erdoberfläche fühlt ihr euch gar nicht so wohl?", fragte Knolle.

„Genau! Wenn es sehr bewölkt ist, so wie heute, dann geht es für ganz kurze Zeit. Aber auch zu viel Wasser ist nicht gut. Wenn es sehr viel regnet, dann verlassen wir den Boden manchmal, weil wir dann Probleme mit unserer Atmung bekommen. Hier ist ja dann alles nass. Manchmal entsteht ein richtiger Fluss in unseren Gängen. Steigt mal wieder ein, ich zeige euch noch etwas…"

Gemeinsam fuhren sie mit der kleinen Eisenbahn weiter den dunklen Gang hinunter. Sie fuhren tiefer und tiefer in die Erde und es roch etwas modrig nach altem, vergammelten Holz.

„Stimmt es eigentlich, dass zwei Regenwürmer wachsen wenn man euch zerteilt?" fragte Mungo etwas forsch. „Oh nein! Ich weiß, dass das in vielen Büchern steht. Aber es ist falsch!" Rodolfo wirkte etwas erschrocken. "Ein Teil wird davon auf jeden Fall sterben. Manchmal müssen wir leider tatsächlich ein Stück abtrennen. Wenn zum Beispiel ein unvorsichtiger Mensch uns mit seinem Fahrrad anfährt oder mit einem Spaten zerteilt. Das tut mächtig weh." Er verzog das Gesicht zu einem schaurigen Gesichtsausdruck. „Um überleben zu können spalten wir dann einen Teil ab. Dieses Stück von uns überlebt nicht. Aber der andere Teil von uns hat dann noch eine gute Chance", sagte er stolz. „Wir sind nämlich echte Kämpfer, wisst ihr? Wenn wir gute Lebensbedingungen haben, also ausreichend Feuchtigkeit, eine angenehme Temperatur zwischen 10 und 25 Grad und genügend Futter, dann vermehren wir uns rasend schnell. Aus einem von uns werden dann innerhalb eines Jahres richtig viele. Wir legen ja kleine Kokons ab, wisst ihr? Und da schlüpfen unsere Nachkommen zahlreich innerhalb kurzer Zeit. Dann muss der Kompost aber gut abgedeckt sein, sodass es auch dunkel ist. Und wir müssen die Chance haben, im Winter in tiefere Bodenschichten zu fliehen, um nicht zu erfrieren. Naja, und wenn der Kompost nach unten mit Draht abgesichert ist, dann können Wühlmäuse und Maulwürfe auch nicht vergessen, dass sie uns ja nicht fressen sollen."

In der Tat gab es ein Gesetz im Wubbjeland, dass vor vielen Jahren einmal verabschiedet wurde. Es besagte, dass alle, die in diesem Landstrich leben, niemanden anders fressen dürfen. Die Eule frisst keine Mäuse. Die Mäuse fressen keine Schnecken und Würmer und die Spinnen oder Asseln werden nicht von den Igeln aufgefuttert. Wespen und Hornissen mampfen keine Käfer oder Grashüpfer, ebensowenig wie die Vögel dieses tun. Wer das nicht befolgt, der muss das Wubbjeland verlassen. Also hielten sich alle daran, denn das Leben auf diesem Fleckchen Erde war wundervoll.

Rodolfo erzählte weiter: „Ich lebe gerne in dem großen Kompost am Dorfrand bei den Menschen. Dort wo die Kirche steht und der Pfarrer Elvis lebt. Dort finden wir vergammelte Erdbeeren, Melone, altes Brot, Kaffeeprütt, Gurkenreste und auch alte Pappe."
„Ah", nickte Flocke, „und was passiert dann damit?"
„Ja, also da wird es wirklich interessant für die Natur", sagte Rodolfo stolz. „Wir machen den besten Boden, den man sich vorstellen kann. Wir fangen an, wenn Knut und Kuno und all ihre Kollegen das Material ordentlich zerkleinert haben. Wir haben einen enormen Hunger. Wir essen wir bis zur Hälfte unseres Körpergewichtes an einem Tag."
„Ui", staunte Lolly. „Das wäre ja fast so, als wenn ich fünf Bucheckernpizzen, vier große Portionen Erdbeerquark mit Heidelbeeren und zwei Teller Suppe essen würde. Nein, das wäre sogar noch mehr!", rechnete sie. „Ja", lachte Rodolfo. "Gut essen können wir wirklich. Und das, was wir verdauen, kommt dann in den Boden. Und wir durchwühlen und durchpflügen die erste Schicht des Bodens immer wieder. Ein Stückchen Salat beispielsweise verarbeiten wir mehrmals. Es bleiben dann nur noch Nährstoffe

übrig, die dann in den Boden gelangen und diesen für Pflanzen wertvoll machen."

Die Eisenbahn hielt. Rodolfo führte die kleine Gruppe zu einem großen Tisch, an dem viele Mistwürmer gerade munter futterten und schmatzten. Sie kauten auf matschigen Blättern und Stängeln herum. Naja, richtig lecker sah das nun wirklich nicht aus, aber den Mistwürmern schien es zu schmecken.

„Was sind denn Nährstoffe?", fragte Mungo. Knolle antwortete: „Blumen und Bäume und alle Pflanzen benötigen Nährstoffe um gut und gesund zu wachsen." Mungo staunte: „Und ihr produziert diese Nährstoffe?" "Ja, im Prinzip schon. Naja, diese Stoffe sind schon in unserem Essen enthalten, zum Beispiel in Blättern, alten Tomaten oder Kaffeeresten. Wir sorgen dann dafür, dass sie wieder in den Boden gelangen. Die Wurzeln der Pflanzen nehmen diese dann auf."

„Toll!", staunte Lolly. „Wir machen aber noch viel mehr", fuhr Rodolfo fort. „Das, was wir an den Boden abgeben, unser Wurmhumus, ist Medizin im Boden. Unser Wurmhumus hilft den Pflanzen gesund und stabil zu bleiben. Er heilt sogar Krankheiten. Das ist so, als ob du eine Tasse Tee mit Salbei und Minze gegen Husten trinkst."

Sie fuhren wieder ein Stückchen mit der Eisenbahn und hielten an einem Platz, an dem gut ersichtlich Wurzeln von allen Seiten in den Gang ragten. Rund um die Wurzeln waren kleine Mistwürmer in weißen Kitteln gerade dabei, diese leicht mit einer Paste zu bestreichen. Sie gingen sehr vorsichtig und sorgfältig dabei vor.

„Hier seht ihr unser Ärzteteam. Vielleicht habt ihr schon einmal Tomaten an Sträuchern gesehen, die nach starkem Regen etwas bräunlich wirken?" Mungo nickte. „Das ist die Krankheit der Braunfäule. Hier haben wir einen solchen Fall. Der Tomate oben geht es nicht gut. Unser Mist, gut verdünnt, kann aber helfen, die Pflanzen davon zu heilen. Wir Mistwürmer sind die Ärzte des Bodens und damit auch der Pflanzen." Rodolfo holte einen kleinen Koffer heraus, der mit einem roten Kreuz versehen war. „Wenn wir sehen, dass eine Pflanze welkt oder nicht genügend Früchte trägt, dann krabbeln wir dahin und verstreuen unseren Wurmhumus gezielt an der Oberfläche, manchmal auch gut verdünnt an den Wurzeln. Du kannst sicher sein, nach einigen Tagen geht es ihr wieder besser!" „Hui", raunte Mungo und war wirklich beeindruckt.

Von der Decke sahen die Wubbjes aus einigen Löchern fahles Tageslicht in den Tunnel scheinen. „Hier haben meine Jungs kleine Gänge gebuddelt. Das ist gut für die Durchlüftung und toll für die Pflanzenwurzeln. Und unser Wurmhumus kann sogar Wasser festhalten. Auch das ist wichtig." „Wasser festhalten? Wofür denn?", fragte Lolly. „Naja, gerade jetzt im Sommer kommt es oft zu heftigen Regenfällen. Wir nennen sie Starkregen. Wenn der Boden keinen Wurmhumus enthält, dann kann es sein, dass Erde einfach weggeschwemmt wird. Und wo sollen die Pflanzen dann wachsen? Manchmal verschwindet das Wasser ganz schnell im Boden und spült dabei ganz viele Nährstoffe weg. Diese fehlen dann den Blumen und Bäumen. Unser Wurmhumus aber speichert das Wasser. Das ist so, als ob du einen Schwamm ins Waschbecken legst, verstehst du?"

„Das heißt also, ihr sorgt nicht nur für eine gute Nährstoffversorgung und dafür, dass Medizin im Boden ist? Ihr kümmert euch auch darum, dass der Boden Wasser speichern kann und so für die Pflanzen verbessert wird?", fragte Flocke. „Jau! Genau das ist es. Ohne uns würde es dem Boden schlecht gehen."

„Gibt es denn etwas, was ihr gar nicht mögt?" „Ja. Saure Früchte!" Rodolfo verzog das Gesicht. „Zum Beispiel Orangen, Ananas oder Zitronen. Auch gespritztes Obst oder Salz ist giftig für uns. Davon verderben wir uns ganz stark den Magen. Auch Chemie ist nicht gut für uns. Ich habe einmal in einem Garten gearbeitet, in dem ein Mensch ganz viel chemisches Zeugs gespritzt hat. Ich weiß nicht genau, was das war. Ich glaube, er wollte keine Gänseblümchen und Maulwürfe in seinem Garten haben. Ich kann das nicht verstehen! An den kleinen Hügeln hat er immer ganz viel gesprüht. Der Boden hat so scheußlich geschmeckt, das war fürchterlich. Ganz viele der kleinen Bakterien und Mikrolebewesen, die wir doch als Partner brauchen, hatten sich schon mit Sack und Pack aus dem Staub gemacht. Wir sind dann alle zum Nachbarn gekrochen, da war es viel besser. „Keine Chemie - Mit uns nicht und nie! ist seitdem unser Schlachtruf."

„Arbeitet ihr denn nur in Misthaufen oder auch sonst in Gartenerde?", wollte Mungo wissen. „Misthaufen lieben wir, weil da ordentlich Futter herumliegt. Es gibt Menschen, die extra Würmer in ihren Komposthaufen einstreuen. Wir fressen im Frühling und Sommer den ganzen Haufen kurz und klein. Es bleibt dann wirklich nur toller Wurmhumus übrig, den die Menschen dann an die Pflanzen verteilen. Die Pflanzen lecken sich dann schon manchmal hungrig die Münder. Vor einigen Jahren wurde ich vom Pfarrer Elvis in einem Gartenboden rund um seine Karottensaat ausgesetzt. Glücklicherweise hatte er den Boden oberhalb gemulcht. Wir nennen das so, wenn zum Beispiel Rasenschnitt oder auch alte Blätter dort ausgelegt werden. Das war toll, wir hatten dadurch jede Menge zu fressen und haben uns rührend um die Möhren gekümmert. Elvis war vielleicht glücklich über solche Prachtexemplare."

Plötzlich sahen sie große, dicke runde kugelartige Gebilde aus den Wänden hervorschauen. Eine Kolonne Mistwürmer schippte verdünnten Wurmhumus auf diese. „Das sind Kartoffeln" sagte Rodolfo. „Eine der besten Bodenpflanzen überhaupt. Und mit Wurmhumus werden sie stark und kräftig."

Lolly und Mungo waren baff. Auch Knolle und Flocke waren beeindruckt, als sie sich wieder dem Ausgang näherten. „Oha, ich hätte nie gedacht, dass ihr so eine wichtige Aufgabe habt. Das habe ich etwas unterschätzt", sagte Knolle. „Arbeitet ihr denn auch im Wald?" „Wir als Mistwürmer eigentlich nicht. Der Boden ist uns da zu sauer. Eichenlaub schmeckt sehr bitter und Tannennadeln schmecken überhaupt nicht. Das ist nichts für uns. Im Wald wird das von anderen Lebewesen übernommen. Wir sind eher für Gärten und Wiesen oder auch Äcker zuständig. Am tollsten ist es aber in einem gemütlichen Komposthaufen."

Lolly und Mungo hatten heute wieder etwas gelernt. „Danke, Rodolfo!", riefen sie aus einem Mund. Ihr Freund der Mistwurm war also ein echter Bodendoktor und dadurch hilfreich für Pflanzen und Tiere im Wubbjeland gleichermaßen. Sie waren stolz, dass sie ihn kannten. Sie schwangen sich auf ihre Roller und rasten den Acker hinunter, direkt in Richtung ihrer kleinen Spechtbehausung. Das, was sie heute gelernt hatten, würden sie morgen in der Schule erzählen. Da würden die anderen Kinder aber staunen.

Eine Wurmfarm anlegen

Hast Du schon einmal daran gedacht, im Garten oder in der Küche eine Wurmfarm anzulegen? Das geht ganz einfach. Und keine Sorge! Es riecht auch nicht!

Viele Informationen findest Du dazu auf http://wurmpalast.de.

Wichtig für Deine Wurmfarm zu Hause:

Besonders gerne mögen Würmer:

- Teebeutel (ohne Metallklammer)
- Kaffeeprütt
- Bananenschalen, gemahlene Eierschalen
- Paprika (nicht zu scharf!), Erdbeeren oder Melonenreste
- Altes Brot

- Ab und zu etwas Kalk (durch die Verrottung des Materials wird der Boden ansonsten sauer)
- Unbedruckte Pappe, leere Klopapierrollen
- Für draußen: Pferde-, Kuh-, Schweine- oder Kaninchenmist. Bevor die Würmer diesen futtern dürfen, sollte dieser aber mindestens zwei Wochen abgelagert werden, ansonsten ist er für die Würmer giftig.

Das Futter sollte immer nur an einer Seite der Wurmkiste ausgelegt werden. Für den Fall, dass dieses ungeeignet ist, können die Würmer dann noch fliehen.

Gefährlich für Würmer ist:
- Saures Futter wie Zitrusfrüchte (z.B. Orangen, Zitronen)
- Gespritztes Obst und Gemüse
- Knoblauch
- Scharfe und stark gesalzene Essensreste
- Fleisch (lockt Ratten an)
- Geflügelmist (zu sauer); auch Schafs- und Ziegenmist sind nicht so gut.

Du wirst vielleicht feststellen, dass Deine Würmer deutlich mehr fressen, als Du an Biomüll produzierst. Frage Freunde oder Bekannte oder ein Restaurant in Deiner Nähe. Auch andere freuen sich, wenn sie mit ihrem Biomüll „Gutes tun" können.

Wie kann ich mit Wurmhumus meinen Boden verbessern?

Nach drei bis vier Monaten kann fertiger Humus geerntet werden. Dann streust Du ihn auf den aufzuwertenden Boden (ca. 2-3 cm hoch) und harkst ihn leicht ein.

Filme auf YouTube

https://www.youtube.com/watch?v=dp1aik2_fBc (von dem Autor dieses Buches und seinem Huhn Waltraud)

sowie: https://www.youtube.com/watch?v=ZDlJDwzpY6Q

4. Der große Sturm

Der Herbst begann bei den Wubbjes mit sehr frischen und klaren Tagen. Die Blätter an den Birken, Eichen und Buchen begannen sich gelb zu verfärben. Auch die Pflaumen-, Apfel- und Birnenbäume verloren so langsam ihre grüne Pracht. Die ersten Eicheln und Kastanien waren schon von den Bäumen gefallen. Eichhörnchen, Siebenschläfer und Wildschweine sammelten diese ein oder futterten die Leckereien sofort auf. Auch die Wubbjes schleppten auf kleinen Wägelchen die Früchte des Waldes in ihre Behausungen. Manchmal sah man ganze Kolonnen von ihnen in den Wald spazieren. Anschließend zogen sie auf ihren kleinen, quietschenden Bollerwagen prall gefüllte Säckchen zurück. Auch auf den Schultern trugen sie ihre Ernte. Bucheckern und Pilze wuchteten sie nach Hause, oftmals auch Rindenstücke für ihre kleinen Öfen. Der Winter stand schließlich vor der Tür und es wurde Zeit vorzusorgen.

Die Sonne schien und es war wohl einer der letzten warmen Tage im Jahr. Wubbjes und Tiere freuten sich über die farbenfrohe Blätterwelt, die ihre Herzen höher schlagen ließ. Einige wenige Insekten schwirrten und flogen noch durch die Luft. Sie sammelten die letzten Pollenreste ein und linsten aus den Augenwinkeln schon nach möglichen Behausungen für die kalte Jahreszeit.

Knolle und Flocke stapften fröhlich durch die bunte Landschaft. „Ist das nicht herrlich?", fragte Flocke. „Die Luft riecht so frisch und so sauber. Der Herbst ist eine ganz besondere Zeit." Wie immer stapfte sie barfuß den Weg entlang. Die Sonne glitzerte in ihren gelben Haaren. „Ja, das finde ich auch," sagte Knolle. Auf dem Kopf trug er heute einen Strohhut. Darunter wirbelten seine orangen und lilafarbenen Haare wild hervor. Knolle trug eine bequeme Hose aus zusammengenähten Blättern der Sonnenblume und dazu einen Pullover mit einigen Flicken. Flocke hatte sich eine Hose aus Rotkohlblättern zusammengenäht. Das war sehr hilfreich, wenn es mal regnete. Als Oberteil trug sie einen Pullover aus Farnkraut und Moos. Die beiden Wubbjes waren zufrieden. Die Natur hatte allen eine reiche Ernte beschert. Die Blumen und Kräuter, die sie ein Jahr zuvor gemeinsam mit den Tieren eingesät hatten, blühten in diesem Jahr in voller Pracht. Die Insekten dankten es ihnen immer noch und nickten ihnen auf ihren Flügen in die Winterbehausungen glücklich zu. So manches Mal stand am Ende eines langen Tages als kleines Geschenk ein Topf mit Honig vor den Türen der Wubbjes. Genau das richtige für ihren Brennnesseltee.

Nun war es an der Zeit, die Vorratslager zu füllen und Nester und Behausungen auszubauen. Neue Ofenrohre wurden gesetzt, Türen geölt und zerbrochenes Glas ersetzt.

Während die Wubbjes so vor sich hin plauderten landete plötzlich eine kleine Amsel neben ihnen. Sie sah ganz zerzaust und zerrupft aus und war völlig erschöpft. „Heh, wo kommst du denn her?", fragte Knolle das kleine, wild aussehende Etwas. Die Amsel war noch ganz außer Atem. "Von ganz weit weg komme ich.

Ich bin drei Tage fast ununterbrochen geflogen. Ich heiße Kniffel." Atemlos nahm sie erst einmal einen großen Schluck Wasser aus einer zerbeulten Feldflasche. „Ich habe es selbst nicht gesehen. Eine Brieftaube hat es berichtet. Es zieht ein großer Sturm auf." „Wie? Jetzt schon? Wir haben doch erst Mitte Oktober?", fragte Flocke erschrocken. „Sonst kommen die doch frühestens im November." „Ja, es ist dieses Jahr anders. Auch in den letzten Jahren waren die Stürme schon heftiger und tobten öfter als zuvor."

Knolle und Flocke nickten. Sie wussten, dass die kleine Amsel recht hatte. Die Natur spielte verrückt. Die Dauer der Regenfälle hatte zugenommen. Manchmal regnete es tagelang so große Tropfen, dass ihre Freunde Knut und Kuno, die beiden Kellerasseln, sich nicht unter ihrer Bodenplatte hervortrauten. Es gab einzelne Tage im Sommer dieses Jahres, da hatte es so stark geregnet wie sonst in einem ganzen Monat. Das Wasser konnte manches Mal nicht mehr im Boden versickern und sorgte dann für Überschwemmungen. Die Menschen hatten leider viele Flächen verbaut und versiegelt, gepflastert oder betoniert.

„Die Taube, die uns die Nachricht gebracht hat, meinte, sie hätte so etwas noch nicht gesehen. Sie flog wohl vier Tage lang mit ganz wenigen Pausen und war völlig entkräftet. Und ich bin es jetzt auch", seufzte die Amsel. „Passt auf euch auf. Schickt einen Boten, um auch die anderen zu warnen. Unternehmt alles, was ihr könnt, um eure Behausungen sicher zu machen.

Achtet auf umstürzende Bäume. Es wird auch wieder starken Regen geben, vielleicht sogar Temperaturstürze mit Hagel."

Flocke und Knolle wurden blass, so etwas konnten sie nun überhaupt nicht gebrauchen. Flocke rief: „Ich laufe schnell zur großen Eule „Joe Hill" und wecke sie auf. Sie ist stark und tapfer und hat große Flügel. Sie soll die Nachricht im Osten verbreiten. Wir müssen jetzt alle anderen warnen. Schnell, sagt es allen weiter! Wir müssen jetzt aktiv werden!" Flocke nickte eilig. „Kniffel, du kannst gerne bei uns übernachten. Du musst dich erstmal einige Tage erholen. Danke für deine Nachricht. Komm mit zu uns nach Hause, wir haben dort eine leckere Kürbissuppe auf dem Ofen. Und Brot haben wir gebacken. Iss etwas und schlafe dich erstmal richtig aus."

Schon kurze Zeit später tönte und summte es aus allen Ecken: „Ein Sturm, ein Sturm. Ein Sturm kommt auf. Befestigt alles! Haltet euch von hohen Bäumen fern! Viele werden umgeweht. Seid bloß vorsichtig, es wird stürmisch und nass!" Den ganzen Tag über waren Wubbjes und Tiere geschäftig. Mit kleinen Hämmerchen befestigten sie Rinde auf ihren Bauten und zurrten mit Brennnesselseilen und Labkraut alles zusammen, was nicht niet- und nagelfest war. Labkraut ist das Kraut, was so schön klebt, wenn Du im Sommer über eine Wiese läufst. Es ist dazu sogar noch ein tolles Heilkraut und hilft zum Beispiel gegen Bauchweh. Auch die Menschen waren geschäftiger als sonst. Die alte Frau Ammellie ließ extra einen Handwerker kommen, um ihre bunten Fensterläden, die schon etwas aus der Fassung geraten waren, zu reparieren. Der Pfarrer Elvis aus dem Dorf nagelte Bretter vor die Fenster seiner Kirche. Es war etwas im Anmarsch, daran bestand kein Zweifel.

Der grummelige Wubbje Gorgonzola kaute wie immer auf einem Stück Käse. Dieses Mal war es ein ordentlich riechender Stinkekäse. Er murmelte: „Sturm, na und? Mein Bauch ist kugelrund. Ich bin schwer, der Sturm fliegt drüber her. Macht mir keine Sorgen, ich denk lieber an morgen!" „Irgendwas Schlimmes kommt da auf uns zu. Es wird wirklich gefährlich. Glaube mir!", erwiderte Flocke. „Sogar die Menschen bereiten sich vor." Nachdenklich blickte Gorgonzola in den Himmel. Die Blaumeisen aus dem Wubbjeland flogen hoch in die Lüfte, doch sehen konnten sie noch nichts. Der Frosch HüpfeHops sprang ungeduldig von einem Bein aufs andere. Er hatte gerade seine Arbeit erledigt und im kleinen Wubbjeland die Post ausgeliefert. „Der soll nur kommen. Wir lassen uns doch von einem Sturm nicht unterkriegen!", sagte er und zog sich seinen schwarzen Hut tief ins Gesicht. Am Abend frischte der Wind merklich auf. Viele bunte Blätter wurden von den Bäumen geweht. Nachts rüttelte es ganz schön an den kleinen Behausungen, in die sich Wubbjes und Tiere gemeinsam zurückgezogen hatten. Flocke und Knolle saßen mit ihren Kindern Mungo und Lolly, Rodolfo, Gorgonzola und der völlig übermüdeten Amsel Kniffel gemeinsam am Abendbrottisch. Sie passten aufeinander auf, denn das machen Freunde so. Bei Gefahr soll man aufeinander achten - und auch sonst. Freunde sind immer füreinander da.

Es gab eine große Kanne heißen Pfefferminztee und kleine Kartoffelscheiben in Wirsing eingewickelt. Dazu eine leckere Soße aus Malvenblüten und Borretsch, garniert mit Wiesen-Kümmel und Beifuß-Samen. Knolle trank wie immer seinen geliebten Brennnesseltee mit Honig.

Zuweilen schreckten die Freunde auf wenn ein allzu starker Windstoß die Behausung in der ausgebauten Spechthöhle erzittern ließ. „Huiuiui, das weht aber schon ganz schön dolle. Heute Nacht sollte keiner von uns das Haus verlassen. Das ist zu gefährlich. Man sieht ja kaum etwas und es fliegt schon so viel durch die Luft", sagte Flocke. Und wirklich, ab und an hörte man wie ein Ast brach oder Blätter an die Scheibe klatschten. Es war unheimlich und sehr unruhig draußen. Die ungleichen Freunde schliefen nur wenige Stunden und hörten es immer wieder wild an den Fenstern rütteln.

Am nächsten Tag war der Wind nicht merklich geringer geworden. Im Gegenteil, es wehte immer stärker und man hörte den Regen in dicken Tropfen an die Scheibe klopfen. Am Vormittag, Flocke schaute sorgenvoll aus dem Fenster, hörten sie einen riesengroßen Krach. Eine der dicken Eichen im Wald nebenan war von dem Sturm umgerissen worden. Es war die Eiche, in der die Blaumeisen lebten. Auch die Kellerasseln hatten dort in der Nähe ihr Lager, ebenso wie Frosch HüpfeHops. Es krachte und splitterte und die Erde bebte. „Bleibt im Haus!", rief Knolle. „Ich schaue einmal was los ist." Er zog sich gelbfarbene Ölkleidung über und versuchte die Tür zu öffnen. Doch der Wind blies so stark, dass er es nicht allein schaffte, gegen den Druck anzukommen. Die Amsel Kniffel und Gorgonzola halfen ihm. Endlich konnte er ein paar Fußbreit nach draußen wagen. Was er dort sah nahm ihm fast den Atem. Es stürmte und wehte, es prasselte von allen Seiten auf ihn ein. Es regnete so stark, dass er fast zu Boden gerissen wurde. Die Blaumeisen, Knut und Kuno die Kellerasseln und Frosch HüpfeHops waren glücklicherweise unverletzt und eilten ängstlich und bibbernd durch Regen und Sturm auf die Wubbjebehausung zu. Der Wind wehte HüpfeHops fast seinen Piratenhut vom Kopf. „Kommt schnell herein, schnell, drinnen ist es warm!", rief Knolle ihnen zu. Die Blaumeisen weinten. Die alte Eiche, in der sie schon einige Jahre lebten, hatte den Sturm nicht überstanden. Und was für ein Sturm! Er wütete nun mit voller Kraft und zog und zerrte, an Gräsern, Bäumen und Büschen. Er blies tief in die Höhlen der kleinen Bewohner hinein, wenn sie die Türen nicht fest genug geschlossen hatten.

Viele Lebewesen im Wubbjeland aber lebten nun einmal nicht in festen Gebäuden. Sie wohnten in kleinen Bauten, in Erdhöhlen und Erdlöchern. Der Wind sorgte dort für ein großes Durcheinander. Riesige Wassertropfen flogen fast waagerecht durch die Luft. Blätter, Zweige, Äste, alles wurde hin und her gewirbelt. Der Bau der Erdhummeln war schon ganz nass. Hummel Hinkebein fluchte, was das Zeug hält. „Ein großer Mist ist das! Igitt, fürchterlich!" Auch in viele Baumhöhlen, den Nistgelegenheiten von Vögeln, Eichhörnchen und Siebenschläfern wurde es ungemütlich. Ganz kalt und nass war es. Manchmal flogen Äste oder kleine Steinchen in die Behausungen und zerschlugen dort Geschirr, Tische und Stühle. In Mauselöcher, Fuchsbauten, sogar in Schilfhalme blies der Wind.

Knolle schloss schnell die Tür: „Bleibt ruhig Freunde, hier kann uns nichts passieren!", rief er. Doch ganz sicher war er sich nicht. Es rüttelte und prasselte von allen Seiten auf den alten Baum ein. Mungo fragte: „Aber wieso ist das in den letzten Jahren so? Der Wind wird immer stärker. Der Wassersprudelbach tritt bald über die Ufer bei all dem Regen. Das war doch nicht immer so?" Er bibberte und zitterte vor Aufregung am ganzen Körper.

Flocke nahm ihn in den Arm und antwortete: „Wir wissen es auch nicht so genau. Viele Flüsse wurden begradigt, viele Flächen in der Landschaft sind mit Steinplatten und Beton versiegelt. Der Anteil der Natur wird immer weniger. Bebauter Boden aber heizt sich durch die Sonne leicht auf. Das kennt ihr vielleicht aus dem Sommer in den Städten? Dann ist es an einigen Stellen unglaublich warm, an anderen Ecken aber recht kalt. Und dadurch entsteht Wind. Außerdem wird das Klima auf der Welt wärmer und wärmer. Viele Menschen fahren viel zu oft Auto, viele Abgase befinden sich in der Luft. Deshalb verändert sich das Wetter. Und der schlimme Regen? Das Wasser kann oft kaum versickern weil der Boden es manchmal nicht mehr speichern kann. Und es gibt zu wenige Bäume, die das Wasser dann aufnehmen. Und dann peitscht der Sturm übers Land, der Regen fällt und es gibt schlimme Katastrophen."

Mungo nickte beklommen. Seine roten Haare steckten unter einer großen Schirmmütze „Das ist schrecklich. Was muss denn noch passieren, bis sich etwas ändert?", sagte er und zog seinen dicken Wollpullover traurig bis unter die Nasenspitze.

Der Sturm hatte mittlerweile an Gewalt zugenommen. Wilde, schwarze und tanzende Wolken türmten sich am Himmel auf und zogen eilig über das Land. Es rüttelte und trommelte, es zog und zerrte, an jeder Behausung, an jedem Nest und an jedem Schornstein. Plötzlich klirrte es laut. Ein vom Sturm herbeigewehter Zweig hatte ein Fenster zerschlagen. Der Regen wehte hinein und innerhalb weniger Sekunden hatte sich eine Wasserlache auf dem Boden der sonst so gemütlichen Wubbjebehausung gebildet. Knolle und Kellerassel Kuno nagelten schnell einige Bretter davor und dichteten das Fenster mit Blättern ab.

Nun hörte man es knallen und knirschen, flattern und toben, dröhnen und krachen. Viele Bäume brachen im Sturm. Vom Haus der alten Frau Ammellie wehten sogar einige Dachschindeln herunter und zerbrachen krachend auf dem Bürgersteig. Ein Regenschirm flog durch die Luft. Er flog und flog, immer höher, in die tiefschwarzen Wolken hinein, die einen regnerischen und stürmischen Tanz aufführten. Und es regnete und tobte. Der Himmel öffnete seine Schleusen und aus den schwarzen, ungeheuerlichen Wolken dröhnte und rumorte es, als ob zwei Riesen einen Ringkampf aufführen. Ein großer Schwall Wasser ergoss sich über das Wubbjeland. Der kleine Mungo sah ganz ängstlich aus einem Spalt. „Der Wassersprudelbach, er steigt immer weiter an!" Knolle blickte hinaus. Tatsächlich! Der sonst so kleine und friedliche Bach war um ein Vielfaches angestiegen. Auf den Wiesen um ihn herum stand das Wasser bereits. Auch auf der Straße der Menschen hatten sich große Pfützen gebildet. Und immer noch stürmte und tobte es. Große Äste fielen von den Bäumen, brachen einfach ab wie Zahnstocher.

Plötzlich sah man einige kleine Gestalten durch den Regen huschen. Der halbblinde Maulwurf Knäckebrot, dazu einige Spitzmäuse, Marienkäfer und auch der Hirschkäfer Krakolino mit seinen Freunden. Atemlos pochten sie gegen die Tür von Knolle und Flocke. „Schnell, herein mit euch!", rief Flocke und öffnete die Tür. Die kleine Behausung von Knolle und Flocke war mittlerweile schon ganz schön voll. Die durchnässten Freunde rubbelten sich erstmal mit einem Handtuch trocken und bekamen eine Tasse heißen Kakao, dazu Salbei- und Brennnesseltee mit einigen Minzblättern. „Unsere Erdhöhlen sind voll mit Wasser gelaufen!", jammerte der kurzsichtige Maulwurf mit seiner großen Brille. „Meine schönen Bücher. So etwas habe ich noch nie erlebt. Alles nass! Überall Wasser! Und dann dieser fürchterliche Sturm!" Die Tiere schauten betroffen zu Boden. Das war wirklich ein Unwetter, das es so noch nicht im Wubbjeland gegeben hatte. Und es regnete und regnete.

Zum Abend hin ließ der Wind langsam nach und hörte schließlich auf. Dennoch plätscherte es weiter vor sich hin. Von der Decke tropfte es ab und zu. Die Tiere stellten kleine Eimer und Becher auf den Boden, um das Wasser aufzufangen. Plötzlich rief Mungo: „Der Wassersprudelbach! Er tritt über die Ufer!" Und tatsächlich, der sonst so kleine, friedliche und bescheidene Bach konnte kein Wasser mehr aufnehmen. Es war auch kein kleiner Bach mehr sondern eher schon ein kleiner Fluss. An vielen Stellen ergoss sich nun sein kühles Nass über die Wiesen. Es floss überall hin, bis in den Wald hinein und mittlerweile auch schon an einigen, wenigen Stellen in den Garten der Frau Ammellie. Auch sie blickte schon ganz verschreckt aus ihrem Wohnzimmerfenster. Man sah ihre Nickelbrille und ihre zu einem Dutt gebundenen, grauen Haare. Und was sie dann sahen sorgte für tiefe Trauer und Entsetzen. Entlang des Baches kletterten eine Vielzahl ihrer kleinen Freunde, Wubbjes und Tiere, aus ihren Bauten. Viele lebten ja in alten Erdhöhlen oder unterhalb von Hecken. Manche nisteten auch in Mauerfugen oder Pflanzenstängeln, die nicht allzu hoch über den Boden ragten. Es herrschte eine regelrechte Panik. Einige Hummeln und Wildbienen klammerten sich an einem schwimmenden Stück Holz fest. Auch zwei Igel schwammen wild prustend im Wasser umher. Etliche Marienkäfer mit ihren Zupf- und Streichinstrumenten hatten sich auf einen Ast gerettet. Viele weinten. Zwei bläulich schimmernde Käfer saßen auf einem Eichenblatt fest und wurden wild im Wasser hin- und hergewirbelt.

„Schnell! Nach draußen!", rief Flocke. „Wir müssen ihnen doch helfen!" Ihr müsst wissen, Wubbjes können nicht nur prima klettern, sie sind auch ausgezeichnete Schwimmer.

Viele der kleinen Wubbjes waren schon zum Wassersprudelbach geeilt. Auch eine kleine Bachforelle sorgte dafür, dass die in Not geratenen Tiere sich schnell an einem Stück Holz festhalten konnten. Eine große Ente half ihnen dabei. Mit ihrem Schnabel bugsierte sie vorsichtig zahlreiche Schmetterlinge aus dem Wasser.

Unterstützt wurden sie durch einige Schwäne, welche die nassen Tierchen eilig zu einem Birkenwäldchen brachten. Flocke, Knolle und Gorgonzola sprangen in den Fluss, der gar nicht mehr so ungefährlich war. Sie waren ausgerüstet mit kleinen Rettungsringen und Schwimmwesten aus Kork. Sie hatten sich schon gedacht, dass so etwas einmal passieren würde. Ein ganzes Dutzend Wubbjes half den etwas schwerfälligen Igeln, sodass sie schnell wieder an Land kamen. Aus der Luft streckten die Blaumeisen, die Amsel Kniffel und einige Eulen ihre Beinchen als rettenden Halt entgegen. Keiner wurde vergessen, alle wurden in Sicherheit gebracht. Wubbjes und Tiere passten gut aufeinander auf, das ist doch wohl klar! Da konnte ihnen auch ein tobendes Unwetter nichts anhaben.

Sie zogen sich in die etwas höher gelegenen Wubbje- und Tierbehausungen zurück. Abends schliefen sie völlig erschöpft ein. Ihre kleinen Öfen bollerten was das Zeug hielt und so konnte die nasse Kleidung langsam trocknen.

Einige Tage später war das Wasser wieder abgeflossen. Der Regen hatte aufgehört und nun konnte man das ganze Elend sehen. Gorgonzola hatte sich einen ordentlichen Schnupfen geholt, seine Nase triefte. Doch das war nichts gegen das Chaos, was die kleine Gesellschaft umgab.

Überall lagen herausgerissene Bäume und abgeknickte Äste. Viele Baumhöhlen oder Vogelhäuschen waren zerstört. Hier konnte niemand mehr wohnen. Die Erdbauten der Tiere waren mit Wasser und Schlamm gefüllt. Dort war kaum noch ein Möbelstück zu retten. Auch viele verholzte Distel- und Hollunderstängel, Behausungen der Kokons einiger Wildbienen, waren mit Wasser vollgesogen oder einfach weggeschwemmt worden. Und auch viele Wubbjes hatten ihre Wohnungen verloren. Trockenmauern waren von herunterfallenden Ästen zerstört und durch das Wasser durchnässt. Überall sah man Schlamm und Pfützen. Es war eine Katastrophe.

Auch die Häuser der Menschen hatten einiges abbekommen. Hier und da schaufelten sie modrigen Schlamm aus ihren Eingängen. Das Haus von Frau Ammellie war noch weitgehend verschont worden, aber nicht alle hatten so viel Glück gehabt.
Eines müsst Ihr wissen: Die Wubbjes lassen sich nicht unterkriegen. Zwar sind sie manchmal traurig doch ihr Lebensmut gewinnt schnell die Oberhand. Egal welche Aufgabe auf sie wartet. Es

gibt nichts, was die Wubbjes nicht frohen Mutes angehen. Selbst wenn sie wissen, dass es nicht leicht wird.

So auch dieses Mal. Bereits am ersten Tag nach dem schlimmen Unwetter kamen sie alle selbstverständlich zum Hauptquartier von Flocke und Knolle. Viele hatten Werkzeug, kleine Schaufeln, Sägen oder Hämmerchen dabei. Sie schleppten Äste, Moos und trockene Stängel aus dem Wald, um für neue Nester und Behausungen zu sorgen. Auch die Tiere waren alle da. Viele von ihnen waren sehr traurig. Sie hatten alles verloren, doch aufgeben galt nicht.

Flocke, Knolle, Mistwurm Rodolfo, Frosch HüpfeHops und Hummel Hinkebein schmiedeten einen Plan.

„Also, wir brauchen auf jeden Fall neue Vogelhäuser!", sagte Flocke. „Der Sturm hat viele zerstört, viele Bäume sind umgefallen. Dort sind die Astlöcher nicht mehr bewohnbar, da müssen wir etwas machen."

„Ok" antwortete Knolle. „Und Insektenhotels, viele unserer kleinen summenden Freunde wissen nicht mehr wo sie hin sollen." Hinkebein und seine Kollegen nickten mit dem Kopf. „Und Trockenmauern. Der Sturm und das Wasser haben viele zerstört."

Sie machten sich gemeinsam an die Arbeit und hämmerten, klopften und sägten. Sie erstellten Nisthilfen für Vögel, Eichhörnchen, Igel und Siebenschläfer. Gemeinsam wurden Insektenhotels für Wildbienen gebaut. Trockenmauern für Insekten, Kröten und Wühlmäuse. Es gab mal wieder viel zu tun. Heruntergefallene dicke Äste wurden zu Holzbrettern verarbeitet. Sie sammelten Materialien im Wald: Eicheln, Bucheckern, Kastanien. Sie rollten gemeinsam schwere Steine zusammen, welche dann mit vereinten Kräften zu Trockenmauern für Insekten und Kleintiere aufschichtet wurden. Wolle das Wildschwein war jetzt der große Star im Wald. Mit seiner großen Kraft konnte er Steine ganz alleine rollen und einen auf den anderen heben. Die Biene Summsalabim schlug ihm auf die Schulter: „Wolle, was wären wir nur ohne dich!", rief sie. „Ooooch, das ist doch selbstverständlich", grunzte der gutmütige Wolle wohlwollend.

4.1 Besuch bei Frau Ammellie

Die kleinen Wubbjes Lolly und Mungo standen etwas abseits unter einem großen Blaubeerbusch, der nur noch wenige Blätter trug. Irgendetwas hatten sie vor, aber was?

Die knallroten Haare von Mungo waren weithin sichtbar. Seine Schwester Lolly trug wie immer eine blaue Zipfelmütze auf ihren orangenen Zotteln.

Im dichten Trubel sah man die beiden Farbklekse davon huschen, hin zum Haus der Frau Ammellie. Was wollten sie nur dort? Leise schlichen sie unter den bereits vergilbten Johannisbeerbüschen entlang. Dann durch das Heidekraut hindurch, um alle Pfützen herum, um dann an einer verblühten Sonnenblume hochzuklettern. Von dort sprangen sie auf den Fenstersims und krabbelten dann durch das leicht geöffnete Fenster hindurch. Und da standen sie nun, mitten im Wohnzimmer.

Dort saß die alte Frau Ammellie und schlummerte in einem Schaukelstuhl. Auf ihrem Schoß saß die kleine Katze Linka. Auch sie hielt einen Mittagsschlaf. Das Zimmer war hell und sonnendurchflutet. Der Pendel einer alten Standuhr schwang gemütlich im Takt. Auf dem Tisch stand ein Glas Saft und auf dem Boden ein kleiner Napf mit Katzenmilch.

An den Wänden hingen alte Bilder, die das Meer, Schiffe und einen Seemann zeigten. Die Küste war schließlich nicht weit entfernt. Plötzlich hob Linka den Kopf. Sie hatte Lolly und Mungo vom Fenstersims krabbeln gehört. „Nanu, was macht ihr denn hier?", fragte sie. „Weckt mir mal meine Frau Ammellie nicht auf. Sie braucht doch ihren Schlaf." „Aber wir wollen doch einmal mit ihr reden", entgegnete Lolly. „Es ist wichtig. Wir möchten etwas fragen." „Ich denke Menschen bemerken euch Wubbjes nicht?", antwortete Linka. „Ja, das haben wir auch gehört. Vor langer, langer Zeit hat wohl einmal ein Mensch mit uns Wubbjes gesprochen. Es heißt, sie brauchen ein sehr gutes Herz und einen wachen Verstand. Sie müssen viel Geduld mitbringen und sich für die Belange der kleinsten Tiere interessieren. Nur dann kann es funktionieren, so sagt man." „Na gut, das könnte auf meine Frau Ammellie schon zutreffen. Miau Miau. Wenn ich etwas für euch tun kann, so sagt es mir. Ich möchte auch gerne helfen." „Ganz bestimmt kannst du das, Linka", antwortete Mungo, „Wir freuen uns über jede helfende Pfote. Aber erst einmal müssen wir versuchen, mit Frau Ammellie zu sprechen", sagte er und hüpfte auf die Armlehne des Schaukelstuhls. Von dort kletterte er in Windeseile rücklings den Stuhl hinauf, bis er direkt auf der Schulter der schlafenden Dame saß. Ihre grauen langen Haare hingen glatt gekämmt nach unten. Sie hatte leichte Falten in ihrem fröhlichen und sympathischen Gesicht. Es war nicht zu übersehen, dass sie, obwohl sie schon recht alt war, noch voller Energie steckte. Kein Wunder, schließlich war sie ja noch oft im Garten aktiv, ging viel spazieren oder las abends in einem ihrer geliebten Naturbücher. Sie hackte im Winter sogar Holz. In ihrer Küche und in ihrem Wohnzimmer standen nämlich zwei alte Kachelöfen, mit denen sie das Haus beheizte.

„Gib schon her!", wisperte Mungo. Lolly reichte ihm einen langen Grashalm nach oben. „Soll ich wirklich?", fragte Mungo. „Klar! Das haben wir doch besprochen." Vorsichtig steckte Mungo den Grashalm bei Frau Ammellie mitten in die Nase. „Hatschi!", nieste sie so laut, dass Mungo fast von der Schulter gefallen wäre. Und dann nochmal: „Hatschiiii!".

„Haaaaaaalllllllllllooooooo, Frau Ammellie!", riefen Mungo und Lolly nun so laut sie konnten. „Haaaaaaalllllllllooooooooo!" Frau Ammellie blinzelte mit ihren Augen, reckte sich und murmelte: „Hallo, guten Tag. Moin Moin. Ja, wer ist denn da?" „Na wir sind`s. Die Wubbjes aus deinem Garten. Siehst du uns denn nicht?" Lolly und Mungo hüpften auf dem Tisch direkt vor Ammellie wild auf und ab. „Was? Bitte wer spricht da?", murmelte sie. „Ich muss wohl träumen…" und schloss wieder die Augen, um einen Augenblick später wieder leise und still vor sich hin zu atmen. „Das gibt's doch nicht!", rief Mungo energisch. Er griff sich den Grashalm, nahm Anlauf, sprang auf die Stuhllehne und steckte ihn diesmal in Frau Ammellies Ohr. „Ja, was kitzelt denn da so? Was ist denn das?", rief sie laut aus, während sie sich aus ihrem Sessel erhob. „Na wiiiiiiiiirrrrrrrr sind`s!", riefen Mungo und Lolly aus vollem Halse.

Das war vielleicht ein Anblick. Die kleine Lolly, so groß wie ein Joghurtbecher mit ihren orangen Haaren. Dazu ihr Bruder Mungo, mit seiner frechen roten Haarpracht und seinen großen Augen. Beide trugen dazu ihre lilafarbene Arbeitskleidung und hatten ganz schmuddellige Hände. „Ja, schreit doch nicht so laut! Ich kann noch sehr gut hören", murmelte die alte Frau Ammellie, ehe sie zurückschreckte und die beiden mit weit geöffneten Augen überrascht ansah. Auch Mungo und Lolly wirkten auf einmal ganz verblüfft. Frau Ammellie hatte sie gehört. Ja konnte das denn sein?

„Wer seid denn ihr?", fragte Frau Ammellie. Sie war keineswegs ängstlich sondern leicht amüsiert. Ihr erster Schreck war nun einem wachem Interesse gewichen. „Na, wir sind die Wubbjes. Wir leben in deinem Garten und hier überall in der Nähe", antwortete Mungo. Und dann sprudelte es nur so aus Lolly und Mungo heraus. Überschwänglich erzählten sie von ihrem Leben und dem Leben der Tiere. Irgendwann gesellte sich ein kleiner Vogel zu ihnen. Der Spatz Friedolin. Er war durch einen Spalt aus Versehen in das Wohnzimmer hineingeflogen und gelangte nun nicht mehr hinaus. Wieder und wieder flog er gegen das Glas der

Fenster und stieß sich seinen kleinen Schnabel. „So ein Mist! Wer erfindet denn so was? Sagt der Dame doch bitte, sie möge mich einmal hinauslassen. Ich habe heute noch viel zu tun." Die Wubbjes übersetzten den Wunsch des Spatzes Friedolin und Frau Ammellie öffnete schnell das Fenster. "Oh, Entschuldigung. Das war keine böse Absicht von mir", sagte sie. „Ja ja, schon gut. Danke, dass du mir nach draußen hilfst", nickte der Spatz freundlich, ehe er flatternd in den Garten flog.

Die Wubbjes erzählten Frau Ammellie viel von den Sorgen und Nöten der kleinen Tiere. Die alte Dame war nun ganz betroffen. Sie hatte sich schon so etwas in der Art gedacht. Sie hatte ja ein gutes Herz, war nicht auf den Kopf gefallen und interessierte sich sehr für das Leben um sie herum. Aber alles hatte sie auch nicht gewusst. Sie wusste zum Beispiel nicht, dass so viele der kleinen Tiere von der Überschwemmung betroffen waren. Es war ihr unbekannt, dass so viele Insekten in alten Stängeln ihre Brut aufzogen oder in Mauerritzen lebten, die das Wasser überflutet hatte.

„Ich verspreche euch, ich werde eure Sorgen und Nöte den anderen Menschen erzählen, Ehrenwort! Einigen wird es egal sein. Es gibt Menschen, die sind leider etwas gleichgültig. Aber es gibt viele, die sind ganz anders. Die wollen helfen und freuen sich, wenn sie Gutes tun können. Ich rufe gleich einmal den Pfarrer Elvis an. Der soll sofort kommen, das ist ein guter Mensch. Wir werden etwas für euch tun können", sagte sie und wählte die Nummer von Elvis auf ihrem alten Telefon.

Kurze Zeit später kam Pfarrer Elvis auf seinem klapprigen Drahtesel angesaust und rannte ganz außer Atem ins Wohnzimmer. Dort befand sich mittlerweile eine Vielzahl von Wubbjes.

Spatz Friedolin hatte schon überall herumgeflötet, dass seit vielen Jahren wieder ein Mensch die Wubbjes sehen und hören konnte.

Das war eine Sensation. Die Igel saßen auch schon in der Stube vor einer Schale Wasser (Igel vertragen nämlich keine Milch müsst Ihr wissen). Katze Linka schaute interessiert von der Sofalehne in die Runde. Das war eine Geschichte, die konnten sie alle noch ihren Enkeln erzählen. Kuno und Knut die Kellerasseln, Knolle, Flocke, Gorgonzola, alle hatten es sich gemütlich gemacht. Die Marienkäfer, Hummel Hinkebein, Frosch HüpfeHops, die Blaumeisen und auch einige Eulen waren dabei. Wildschein Wolle und einige Eichhörnchen saßen im Wohnzimmer und knabberten an einer Handvoll Nüsse. Die große Ente aus dem Wassersprudelbach war auf einen Schrank geflogen und genoss die Sicht von oben.

Als Pfarrer Elvis mit seinen strubbeligen Haaren und seinen wilden Koteletten hineinstürzte muss das für ihn ein ungewohnter Anblick gewesen sein. Elvis war ungefähr 50 Jahre alt, bestimmt über zwei Meter groß, sehr schlank und hatte eine tiefe, bassartige Stimme. Oftmals trug er Jeans und ein kariertes Hemd mit einem leuchtenden Sonnenblumensticker drauf. Ach ja, und eine Gitarre hatte er fast immer bei sich. In seinen Gottesdiensten pflegte er die Predigt mit einem beeindruckenden Gesang aufzuwerten.

Elvis traf zunächst mit einem etwas besorgten Gesichtsausdruck ein. Was hatte Ammellie ihm da nur wieder für eine komische Geschichte erzählt? War sie vielleicht etwas verrückt geworden? Eine Geschichte von den Wubbjes. Was soll denn das sein? Und die Wubbjes übersetzen das, was die Tiere sagen, bitte wie? Als er das Wohnzimmer betrat, hörte er ein Surren und Grunzen, Zischen, Quaken und Fiepen. Und, ganz leise und fein dazwischen, ein paar kleine Stimmchen. Er sah drollig aussehende, blaue, kugelige Wesen mit bunten, wirren und zottelligen Haaren. Sie trugen verrückte Gewänder aus Blättern, Gräsern und manchmal aus Stoff. An den Füßen steckten kleine Schühchen aus Schilf, Kork oder Holz. Und mittendrin strahlte Frau Ammellie über das ganze Gesicht.

„Das sind unsere Freunde die Wubbjes und die kleinen Tiere. Wir können mit ihnen reden. Die Wubbjes übersetzen es für uns."

Elvis war völlig baff. Frau Ammellie reichte ihm erstmal ein großes Glas Kastaniensirup mit Wasser, dazu noch eine Tasse frisch gebrühten Sanddorn-Tee. „Ich glaube das alles nicht. Heiliger Birnbaum, das gibt es doch gar nicht…", murmelte Elvis. „So etwas habe ich ja noch nie gesehen." Auch er hörte sich geduldig an, was die Wubbjes und die Tiere zu sagen hatten. Sie brauchten Hilfe, das war nicht zu übersehen. Der Sturm und die Überschwemmung hatten viele obdachlos gemacht. Und es dauerte nicht mehr so lange bis der Winter an die Tür klopfen würde.

„Wisst ihr was? Ammellie und ich helfen euch!" Frau Ammellie nickte. „Wir bauen kleine Häuschen für euch, für euch alle, und sorgen dafür, dass ihr die kalte Jahreszeit gut übersteht. Wir bauen Vogelhäuschen, Häuschen für Eichhörnchen, Igelhäuschen und natürlich auch Häuschen für die Insekten, was meint ihr?" „Jaaaaaaaa!", riefen alle in ihrer jeweiligen Sprache. Das war ein Gequieke und Gezwitscher, Gesurre und Geflatter. Ja sowas, eigentlich waren es doch die Menschen, welche oftmals aus Unbedachtheit und ohne bösen Willen so viel Leid über die Tiere brachten. Und nun auf einmal waren da zwei, die ihnen helfen wollten.

Elvis sagte: „Morgen ist Sonntag und da kommen ja wieder viele Menschen in die Kirche. Gott, wenn es ihn denn gibt, ist für alle Lebewesen da. Egal ob kleine Fliege, Eichhörnchen, Uhu, Wildschwein, Wubbje oder Mensch - so war es abgemacht. Ich werde morgen eure Geschichte erzählen und die Menschen aufklären. Sie müssen erfahren was hier geschieht und sie sollen helfen. Für andere Lebewesen etwas tun ist doch toll! So muss das gehen. Ich singe ihnen ein lautes Lied auf der Gitarre vor, und dann sehen wir mal. Wir bauen Nisthilfen für euch, das machen wir!"

Und es funktionierte. Pfarrer Elvis hielt eine gepfefferte Predigt, die sich gewaschen hatte! Die Menschen waren gebannt und betroffen. Das hatten sie nun wirklich nicht gewusst und auch nicht gewollt.

Zumindest nicht jene, die ein gutes Herz hatten. Zwar verstanden sie nicht ganz, was Elvis so von den Wubbjes erzählte und wer das eigentlich sein sollte, aber das machte nichts. Sie wussten, dass Pfarrer Elvis schon immer ein wenig verrückt war.

Das mochten sie an ihm. Denn wer leicht verrückt ist, der ist anders als andere. Und wer anders ist als andere, der ist etwas Besonderes und sympathisch. Regel Nummer Eins im Leben.

Viele Besucher der Predigt begannen zuhause sofort zu basteln. Es gab viele gutmütige und hilfsbereite Menschen im Dorf. Außerdem wussten sie, dass sie letztlich auch sich selber halfen. Nur wenn es allen Lebewesen gut geht, dann ist die Natur intakt. Und nur wenn die Natur gesund ist, dann geht es auch den Menschen gut. Sie hämmerten, sägten, schraubten und feilten. Sie ließen sich richtig was einfallen und es machte ihnen noch dazu großen Spaß.

Wenige Tage später stapelten sich bei Frau Ammellie die kleinen Behausungen. Kleine gemütliche Holzkästen für Kohlmeisen, Kleiber und Gartenrotschwänze. Unterkünfte für Spechte, Zaunkönige, Blaumeisen und sogar welche für Turmfalken, die natürlich direkt am Kirchturm angebracht wurden. Zahlreiche sogenannte Kobel für Siebenschläfer und Eichhörnchen, auch für Fledermäuse und Igel. Keiner wurde vergessen. Und einige der niegelnagelneuen Holzkästchen wurden von den Wubbjes bezogen, denn auch sie hatten teilweise Haus und Hof verloren. Insektenhotels aller Arten wurden aufgestellt, schön und wild anzusehen. Sehr lebendig mit kleinen Höhlen und Behausungen für alles, was da so kreuchte und fleuchte im Wubbjeland. Die Menschen im kleinen Dorf waren richtig erfinderisch. Gemeinsam hängten sie viele der Nisthilfen in den Gärten, Parks oder auch im Wald auf. Natürlich halfen die Wubbjes auch alle mit. Viele Menschen verstanden zwar dann nicht so ganz mit wem Elvis und Ammellie da redeten, denn sie sahen ja niemanden. Aber das machte nichts. Sie wussten ja, wie gesagt, bei Ammellie und Elvis war schon immer alles etwas anders. Sie staunten über die tollen, unterschiedlichen Behausungen, lernten etwas über die Lebensgewohnheiten vieler Tiere und beglückwünschten sich zu ihren Werken. Auf dem Heimweg waren alle sehr zufrieden. Die Menschen gaben sich Mühe, langsam auf ihren Fahrrädern zu fahren. Sie wollten ja keine Igel oder Eichhörnchen übersehen. Und wenn ihnen am späten Abend noch eine kleine Fliege durchs Gesicht flog, dann schoben sie diese vorsichtig beiseite und wünschten ihr noch einen guten Flug

5. Die Wildbienen

Ein ganzes Jahr später, an einem schönen Spätsommertag, hatte Frau Ammellie einmal mehr Lolly und Mungo bei sich zu Besuch. Die drei hatten sich angefreundet und unternahmen seit dem schrecklichen Sturm im letzten Jahr sehr viel gemeinsam. Lolly fiel heute durch jede Menge Sommersprossen in ihrem Gesicht auf. Sie trug heute ein Kleid aus Tulpenblüten, kombiniert mit Blütenblättern der Mohnblume. Während sie die Katze Linka kraulte fragte sie: „Du Ammellie? Was sind eigentlich Wildbienen? Sind das die Bienen, die uns den Honig für unseren Brennnesseltee bringen?" „Nein, die Wildbienen spielen zwar auch eine ganz wichtige Rolle beim Bestäuben von Pflanzen, aber Honig bringen sie nicht. Sie leben ja auch nicht in den großen Bauten, aus denen der Imker den Honig entnimmt. Wildbienen sind Einzelgänger. Sie leben allein." „Sie leben allein?", fragte Mungo, der heute ein buntes Halstuch und einen Overall aus Eichenblättern trug. Auf der Vorderseite des Overalls war ein Tomaten-Aufnäher angebracht. „Ist das nicht etwas langweilig?", fragte er. „Wir können sie gerne einmal fragen. Heute Nachmittag werden wir ja im Garten eine Trockenmauer anlegen. Da werden auch viele Wildbienen kommen."
Zum Nachmittag trudelten dann Pfarrer Elvis und der rundliche Wubbje Gorgonzola ein. Gorgonzola trug wie immer ein Stück Stinkekäse in der Hand. „Moin Ammellie, meine Liebe. Schöner als alle Tulpentriebe", reimte er verschmitzt, eher er es sich auf

dem Fensterbrett gemütlich machte. Sofort biss er ein dickes Stück von seinem geliebten Käse ab. Aus seinen hellblauen Haaren rieselte noch etwas Erde aus seinem Maulwurfshügel auf den Boden. „Gorgonzola!", schüttelte Ammellie den Kopf. „Muss denn das sein? Die ganze Erde auf dem Fußboden?" „Das bringt Glück. Erde bringt Glück, Stück für Stück", grinste der liebenswerte Wubbje.

Natürlich waren auch Knolle und Flocke dabei. Ebenso Rodolfo Regenwurm, der ja eigentlich ein Mistwurm war, und auch das Wildschwein Wolle. Alle freuten sich über den warmen und hellen Sommertag. Nach und nach flogen, schwebten, sprangen, robbten und krochen noch einige Tiere in das Wohnzimmer. Zum Beispiel die schüchterne Blindschleiche Selma, welche ein sehr ruhiges Wesen hatte. Ihr bester Freund Frosch HüpfeHops, der Postbote im Wubbjeland, sprang mit einem lauten „Quaaaaak" und einem 2-Meter-Sprung mitten in die Stube. Auch einige Eichhörnchen, Eule „Joe Hill", einige Schnecken, Salamander und die Käferbande rund um Krakolino waren dabei.
Die Käfer waren noch etwas müde. Sie hatten gestern noch bis tief in die Nacht Karten gespielt.
Und dann surrte und flatterte es in der Stube. Eine ganze Horde von Hummeln und Honigbienen, um die Anführer Hinkebein, Lutzine und Summsalabim flatterten guten Mutes in das Wohnzimmer. Sie nahmen in der Nähe eines Marmeladenbrotes Platz, das ihnen Pfarrer Elvis mit einem Augenzwinkern hinüberschob.

Auch zahlreiche Wildbienen landeten nun mit ihren warmen, großen Augen und einem fröhlichen „Moin Moin!" auf dem etwas wackeligen Esstisch. Einige hatten einen kleinen Kornblumenstrauß mitgebracht, welchen sie stolz der Frau Ammellie überreichten: „Für deine Freundschaft", lachten sie. Frau Ammellie freute sich sehr und sagte „Dankeschön, ihr Lieben. Der ist ja wunderhübsch. Nehmt euch doch etwas Marmeladenbrot!" Sie strahlte dabei über das ganze Gesicht. Viele der Insekten hatten ihre Kinder mitgebracht. Diese sollten nämlich auch lernen, wie man eine Trockenmauer anlegt. Die Kinder warteten natürlich ganz gebannt auf die Hornisse Känguru und ihren Spielzeug-Bauchladen. Die ließ nicht lange auf sich warten und verteilte Lutscher, Bonbons, Seifenblasenpuster, kleine Tröten und Luftballons.

Bei näherem Hinschauen fiel Mungo auf, dass die Wildbienen tatsächlich ganz unterschiedlich aussahen. Die meisten hatten eine feine, pelzige Behaarung. Da gab es die auffälligen Kuckucksbienen, die gelbschwarz oder rotschwarz gefärbt waren. Die glänzenden Keulhornbienen, die roten Mauerbienen, Sandbienen, Blattschneiderbienen und viele, viele andere.
Flocke fragte: „Sagt mal, ihr Honigbienen und ihr Wildbienen, was unterscheidet euch denn eigentlich?" Und die Honig- und Wildbienen fingen an zu summen und zu erzählen. Die Wildbiene Sausewind, die zur Gattung der Maskenbienen gehörte, berichtete stellvertretend für die vielen Vertreter der anderen Arten.

„Wir sind, genau wie die Hummel und die Honigbiene, sehr wichtig für die Bestäubung von Pflanzen. Ohne uns gäbe es deutlich weniger Obst und Gemüse und viel weniger blühende Blumen. Wir helfen, damit sich unterschiedliche Arten weiter fortpflanzen können. Genau genommen zählen übrigens auch die Hummeln zu den Wildbienen." Hummel Hinkebein nickte: „Allerdings leben wir Hummeln oft in großen Völkern zusammen, während ihr anderen Wildbienen ja zumeist alleine lebt." „Ja, stimmt genau", bestätigte Wildbiene Sausewind.

„Wir legen oftmals Eier in kleine Hohlräume. Diese können im sandigen Boden liegen, in Stängeln, zwischen Mauerfugen, in löchrigen Ziegeln oder in Holzlöchern. Meistens sorgen wir aber zunächst dafür, dass erst einmal Nektar und Pollen in diese kleinen Höhlen eingelagert wird. Danach legen wir dort ein oder mehrere Eier ab und verschließen dann alles feinsäuberlich, zum Beispiel mit Lehm. Den Winter überlebt die Brut dann in einer kleinen Kokonhülle in den Nestern. Dort ist sie vor Wind und Wetter gut geschützt." „Ach", staunte Mungo, „dann lebt ihr gar nicht in solch großen Gemeinschaften wie die Honigbienchen?" „Stimmt genau", antwortete Sausewind. Und Summsalabim, die Königin des großen Bienenstocks am Wassersprudelbach, fügte hinzu: „Wir Honigbienen leben in großen Völkern zusammen. Zu Tausenden und Abertausenden. Von den Wildbienen gibt es ja ganz viele unterschiedliche Arten, aber diese leben in der Regel allein. Naja, einige leben in kleinen Kolonien, aber das ist eher eine Ausnahme." „Ist das nicht langweilig?", fragte Mungo.

„Nein", lächelte Sausewind. „Den Winter verschlafen wir komplett. Und im Frühling oder Sommer machen wir uns dann auf den Flug. Dann haben wir viel zu tun, sammeln Pollen und Nektar und treffen uns auch gerne einmal mit unseren Freunden auf einen Becher Brennnesseltee."

„Könnt ihr denn auch stechen?", fragte Lolly. „Ja, einige von uns können das. Manche Arten haben einen kleinen Stachel. Den benutzen wir aber nur ganz selten, nur dann, wenn wirklich eine sehr große Gefahr besteht." Die Hummel Hinkebein antwortete: „Auch wir Hummeln können pieksen, wenn es uns richtig stinkt. Aber meist sind wir so gemütlich, dass wir da keinen Wert drauf legen. Übrigens helfen Pflanzen wie Spitz- oder Breitwegerich, Knoblauch oder Meerrettich ganz ausgezeichnet gegen die Stiche von uns Insekten."

Lolly fragte: „Oh, das ist ja interessant. Also wenn es dann so viele von euch Wildbienenarten gibt und von jeder Art so viele einzelne Lebewesen, dann wimmelt es in der Natur ja nur so von euch, richtig? Allein hier im Garten leben dann ja Hunderte?"

„Manchmal, wenn genügend Unterkünfte vorhanden sind, sogar Tausende", nickte Sausewind. „Hier bei Ammellie geht das ja auch sehr gut. Im Garten gibt es viele Hecken und Büsche. Und einige Stängel bleiben mehrere Jahre stehen. Erst dann können wir diese bewohnen. Wir finden hier altes Holz und es wird kein Gift eingesetzt. Aber wenn die Menschen keine verblühten Pflanzen stehen lassen oder morsches Holz absägen oder sogar verbrennen, dann finden wir keinen Platz mehr.

Im Spätsommer und Herbst wird es oft ganz schön eng. Wichtig ist aber noch etwas zu wissen: Die meisten von uns Wildbienen bauen ihre Unterkünfte im Boden."

„Und wenn man da drauf tritt?", fragte Lolly ganz erschrocken.

„Das kann schon mal vorkommen. Aber ein bisschen was halten unsere Gänge ja aus. Manchmal legen wir die Gänge zwischen zwei Steinplatten an. Besonders in sandigem Untergrund fühlen sich viele von uns sehr wohl. Rita, die rotpelzige Sandbiene zum Beispiel." Rita, mit ihrem rostroten Haarpelz unschwer zu erkennen, winkte aus dem Pulk der Wildbienen heraus. „Man sieht dann dort im Sommer manchmal kleine kegelförmige Sandhäufchen. Toll finden einige von uns auch Wände aus Lehm und Löss, wie zum Beispiel unsere Freunde die Seidenbienen. Auch solche Wände lassen sich einfach im Garten anlegen."

„Wollt ihr mal einige ganz besondere Eigenschaften von Wildbienen hören?", fragte Sausewind. „Es gibt Wildbienen, die brüten in leeren Schneckenhäusern. Und die Blattschneiderbiene zum Beispiel schneidet mit ihrem scharfen Oberkiefer kleine ovale Ausschnitte aus Blättern. Diese transportiert sie im Flug zu ihren Nisthöhlen. Dort breiten sie die Blattstücke dann aus. Es entsteht eine kleine Höhle, in die dann Nahrung und Eier abgelegt werden. Oder aber die kleine Harzbiene…" Heino Harzbiene summte und brummte aus der Masse heraus und schlug einen kleinen Purzelbaum in der Luft. „Die kleine Harzbiene", fuhr Sausewind grinsend fort, "sammelt Harz von Nadelbäumen und bildet damit kleine und feste Brutzellen. Mit kleinen Rindenstückchen tarnt sie ihr Bauwerk bis irgendwann eine flaschenartige Brutröhre entsteht. Dort wird ein Ei abgelegt und eine neue Biene kann wachsen."

„Toll ist das!", sagte Mungo. „Und heute wollen wir eine Trockenmauer für euch Wildbienen anlegen?", fragte Lolly. Die liebe Frau Ammellie antwortete: „Nicht nur für die Wildbienen, auch viele andere Tiere mögen die Trockenmauer. Man kann dort ganz wunderbar Kräuter anpflanzen. Beinwell, Fenchel, Bohnenkraut und Majoran sind ganz lecker in der Küche." „Mit Käse vor allen Dingen. Da wird alles gelingen. Kräuter wie Majoran und Dill, das ist alles was ich will!", reimte Wubbje Gorgonzola dazwischen. „Und für die Insekten ist das eine nahezu perfekte Nahrung. Dill ist übrigens auch ein tolles Heilkraut gegen Bauchweh oder Schlaflosigkeit. Und wenn man in der Nähe des Kräutergartens steht, dann riecht das ganz toll!", frohlockte Flocke. „Minze zum Beispiel duftet mehrere Meter weit. Und Frösche, Kröten, Mäuse, Salamander und ähnliche Tiere mögen diese Mauern als Lebensraum auch sehr gerne." „So sieht`s aus!", rief Frosch HüpfeHopfs. Und die schüchterne Blindschleiche Selma sagte leise: „Am Fuße der Mauer, im Schatten, ist es immer schön kühl und ich trockne nicht aus." „Genau!", fügte eine Schnecke hinzu. „Ich mag das auch."

Und die Wildbiene Sausewind antwortete: „Ganz bestimmt werden auch einige von uns Wildbienen die Wohnungen und Nisthilfen dort beziehen. Eine Trockenmauer hat aber auch noch viele andere Vorteile." Jetzt schaltete sich die alte Dame Frau Ammellie ein: „Hinter der Mauer ist es kühl und nass, auch das brauchen viele Tiere. Und dort wo die Sonne drauf scheint, dort ist es dann ganz warm. Sogar noch spät am Abend. Die Steine speichern die Wärme. So kann sich jeder aussuchen was er mag. Die Kräuter, die sonst eigentlich eher weit im Süden wachsen, können dann auch hier im Wubbjeland groß werden. Einige landen dann zum Teil in meiner Küche und sorgen für ein leckeres Mittagessen. Und eine tolle Pollennahrung stellen sie auch dar. Eine Trockenmauer mit einem Kräutergarten ist ein echtes Paradies. Da ist für jeden etwas dabei."

Und so bauten sie den Rest des Nachmittags in der warmen Sonne eine lockere Mauer aus Steinen auf, etwa so hoch wie ein kleines Kinderfahrrad. Eine Wand zeigte nach Süden, die Seitenwände nach Osten und Westen. Sie freuten sich darauf, im nächsten Frühling verschiedene Kräuter anzupflanzen. Frosch HüpfeHops, Blindschleiche Selma und einige Spinnen bezogen ihre neuen Wohnungen direkt im Anschluss und brachten bereits die ersten Möbel dort hin. Auch verschiedene Wildbienen, einige Salamander und eine Spitzmaus zogen sofort ein. Mit kleinen Wägelchen wurden winzige Tischchen und Stühle hin- und hertransportiert. Die Wubbjes brachten diese in die höher gelegenen Wohnungen. Alle waren sie zufrieden. „Heute haben wir wieder etwas gelernt", freute sich Lolly. „Und ein gutes Werk haben wir auch getan." Die Wubbjes wünschten allen noch einen schönen Abend bevor sie in ihren gemütlichen Behausungen zu Bett gingen. Der Vollmond leuchtete hell in den Garten hinein und auch er nickte zufrieden. „Alles ok hier, so gefällt mir das", murmelte er. Die liebe Frau Sonne freute sich auf angenehme Träume. So ging ein schöner und glücklicher Tag im Wubbjeland zu Ende.

Was kannst Du für Wildbienen tun?

- Sorge für eine langanhaltende Nahrung der Wildbienen, möglichst durch regionales Saatgut.

- Toll ist es, eine Saatgutmischung zu säen, deren Blumen von April/Mai bis Oktober blühen. Das ist die Zeitspanne, in der ein Großteil der Wildbienen aktiv ist. Saatgut mit einer Vielzahl von Blumen ist also prima. Viele Angebote (z.B. aus dem örtlichen Baumarkt) sind jedoch eher nicht so gut geeignet. Frage z.B. beim NABU oder BUND nach (oder z.B. bei http://umweltschutz-und-lebenshilfe.de).

- Achte auf genügend Nisthilfen in Deinem Garten. Wildbienen nisten zum Beispiel in hohlen oder markhaltigen Stängeln (zum Beispiel in Schilf, Holunder oder der Brombeere). Die Stängel sollten mehrere Jahre stehen bleiben, damit sie verholzen und brüchig werden. Oft werden sie erst dann bezogen. Wildbienen nisten auch in Totholz, Mauer- oder Bodenfugen und insbesondere in Sandböden. Ein kleines Sandareal als wichtiges Refugium ist schnell angelegt.
Schaue doch einmal, was Du in Deinem Garten diesbezüglich machen kannst.

- Achtung: Die meisten „vielfach" angebotenen Insektenhotels sind nicht so gut geeignet, weil hier wichtige Punkte vergessen werden. Baue doch lieber selber eine solche Nisthilfe, das macht sehr viel Spaß!

- Wenn Du eigene Insektenhotels baust, verwende möglichst gut abgelagertes Holz. Nimm aber lieber kein Nadelholz. Das ist in der Regel zu weich. Optimal sind Laubhölzer, wie z.B. Eiche, Esche oder Birke.

- Bohrungen sollten grundsätzlich nicht ins „Kopf-" bzw. „Stirnholz" von Baumscheiben oder Baumstümpfen gebohrt werden, da hier oft Risse entstehen. Auch können dort leicht Holzüberreste/Fasern in den Löchern verbleiben, sodass diese nicht bezogen werden. Kopf- oder Stirnholz nennt man die Seite, auf der Du die Jahresringe siehst. Gefährlich kann es für die Wildbienen besonders dann werden, wenn das Holz noch etwas nass ist. Die Risse vergrößern sich im Trocknungsprozess. Dann ist die eingelagerte Brut nicht mehr vor Feuchtigkeit oder Pilzen geschützt.

- Ein Stück Holz sollte nicht vollständig durchbohrt werden. Eine Seite muss immer vollständig geschlossen sein. Bohrungen sollten 3 bis 9 Millimeter groß sein. Die Löcher bitte immer gut ausklopfen und möglichst mehrere Male bohren.

- Die Eingänge der Nisthilfe sollte nach Süden zeigen und frei von Schatten sein. Die Wildbienen sollten eine störungsfreie Flugbahn erhalten.

- Hilfreich ist es, einen Schutz vor Fressfeinden anzubringen. So können zum Beispiel im Abstand von etwa 15-20

Zentimetern zu den Löchern großmaschige (etwa 4*4 cm) Drahtgitter angebracht werden.

- Eine kleine Lehmwand kann sehr hilfreich für einige Arten sein. Es eignen sich aber nur weicher Lösslehm oder Lösssand. Ton oder „fetter" Lehm wird in der Regel zu hart, um dort Löcher zu graben.

- Auch verschiedene Ziegel sind nützlich. Allerdings ist darauf zu achten, dass Lochziegel keinen besonderen Nutzen bringen und selten bezogen werden. Diese sind zu zwei Seiten geöffnet und der Durchmesser der Löcher ist viel zu groß. Sinnvoll kann es allerdings sein, diese Ziegel mit Niströhren (Schilf, Bambus, Hollunder, Topinambur etc.) zu füllen. Geeignete Ziegel sind die sogenannten Strangfalzziegel.

- Eine tolle Nistmöglichkeit für Wildbienen sind auch Trockenmauern.

- Extrem wichtig: Das Wildbienenhotel sollte an einem Ort stehen, an dem es auch genügend Wildblumen und Wildkräuter gibt. Neben einem „englischen Rasen" oder einem „Steinbeet" hat es wenig Nutzen.

HOTEL WILDBIENE

Schilfrohr

Ziegel

Bohrdurchmesser
3-9mm

10-12 cm
Tiefe

Keine Stirnholzbohrung

Schubkarrenhöhe

Höhe 60cm

Winkel 10-15°

Süden

Sandschicht

Kiesschicht

So kannst Du eine Trockenmauer anlegen:

- Trockenmauern bestehen in der Regel aus Natursteinen und werden ohne Einsatz von Fixierungsstoffen hergestellt. Du brauchst also keinen Mörtel oder Zement.

- Als Steine eignen sich Kalk- oder Sandsteine sowie Feldsteine. Die breitesten, größten Steine kommen natürlich nach unten, kleine Steine werden obenauf gestapelt. Aus Sicherheitsgründen (damit die Steine auch niemandem auf den Kopf fallen) sollte eine Höhe von 60 cm nicht überschritten werden

- Achte darauf, dass kleinere und größere Hohlräume zwischen den Steinen bestehen. Um jedoch eine bessere Stabilität zu gewährleisten, sollten diese auch mit Sand bzw. sandig-tonigem Rohboden gefüllt werden. Achte darauf, dass große Steine sehr stabil liegen und nicht herunterrollen können.

- Es empfiehlt sich, den Mauerseiten eine Neigung von 10 bis 15 Grad zu geben. Das verbessert die Stabilität. Eine stabile Trockenmauer ist also A-förmig und wird nach oben hin immer spitzer.

- Sofern die Mauer auf einem weichen Untergrund stehen soll, so empfiehlt es sich, etwa 20 cm auszuschachten und mit Kies aufzufüllen. Anschließend sollte eine einige Zentimeter hohe Sandschicht aufgebracht werden (oder sandige Erde).

- Eine Trockenmauer ist letztlich ein Extremstandort. Diese ahmt eine Felsformation nach. Auf Kalksteinen wird eine völlig andere Vegetation wachsen als auf Sand- oder Feldsteinen. Auf der Sonnenseite entstehen manchmal Lebensbedingungen, welche ansonsten eher in Südeuropa vorzufinden sind. Auf der Schattenseite entsteht ein dauerfeuchtes, gemäßigtes Kleinklima. Du solltest die Mauer nicht zu sehr pflegen, sondern sie auch ein Stück weit sich selbst überlassen.

- Eine Starthilfe kann jedoch nicht schaden. Ganz oben auf der Trockenmauer, dort, wo es ganz besonders nährstoffarm ist, eignet sich zum Beispiel Mauerpfeffer oder Polster-Phlox als Bewuchs. Etwas tiefer ist ein guter Platz zum Beispiel für Thymian, Stein- oder Hornkraut. Ganz unten, an der sonnenzugewandten Südseite, empfiehlt sich die Anpflanzung von Lavendel oder Salbei.

- Richtig interessant wird es, wenn auf der Schattenseite der Mauer, dort in der Nähe, noch ein kleiner Teich oder Tümpel angelegt wird. Frösche und Kröten werden es Dir danken.

6. Weihnachten mit den Wubbjes

Am Mittag des Weihnachtstages waren viele der Wubbjes schon sehr geschäftig. Heute Abend würden sie bei ihrer hilfsbereiten Freundin Frau Ammellie feiern. Auch Pfarrer Elvis, der zuvor selbst noch eine Predigt in der Dorfkirche hielt, würde dabei sein. Wubbje Gorgonzola war schon am frühen Morgen zu Flocke und Knolle gestapft. Er hatte große Stücke Käse mit einer kleinen Schubkarre durch den Schnee gerollt und war nun dabei, unterschiedliche Gerichte zu zaubern. Käsefondue mit gerösteten Maronen, einen Käseauflauf mit getrocknetem Ampfer, Kartoffeln im Käsemantel, dazu fein gehackten Blattspinat mit Käsescheiben. Mehrere große Käseplatten mit allerlei Kräutern und fein geschnittenen Bohnen. Dazu Rotkohl, Sauerkraut, eine fantastische Käsesoße mit Pilzen und getrocknetem Mauerpfeffer sowie eine herrliche Käsesuppe. Überall im Haus roch es nach Käse unterschiedlicher Art. Der leckere Duft wurde durchmischt durch ein angenehmes Aroma von Weihnachtskeksen. Und es gab Weihnachtskuchen mit Rosinen, Lebkuchen mit Zimtgeruch und Weihnachtspralinen, doppelt und dreifach mit Schokolade und Marzipan überzogen.

Auch Flocke und Knolle eilten von Kochtopf zu Kochtopf und von Ofen zu Ofen. Zur Feier des Tages hatten sie extra einen alten Steinofen mit Tannenholz angefeuert. Der wundervolle Duft der Mahlzeiten ließ einem das Wasser im Mund zusammenlaufen. Dazu noch der würzige Hauch von Tannennadeln. Das war schon jetzt ein sinnlicher Weihnachtstag voller Freude. Die herrlichen Gerüche verkündeten, dass heute ein ganz besonderes Ereignis stattfand.

Egal wo man hinschaute, ob aus kleinen Erdhöhlen, Vogelhäuschen, der Trockenmauer in Ammellies Garten oder aber dem großen Steinhaufen am Waldrand, es rauchte aus kleinen Schornsteinen und duftete auf die unterschiedlichste Art und Weise. Die Blaumeisen rührten in ihrem kleinen Vogelhaus in einem Topf mit Majoran, Salbei, scharfem Pfeffer, getrockneten Tomaten, Kartoffelpüree, Lorbeerblättern und Eichelmus. Hmh...wie das duftete...

Die Igel, welche eigentlich ja Winterschlaf hielten, werkelten heute ausnahmsweise in ihrem kleinen Versteck unter einem Reisighaufen. Sie schoben ganze Bleche mit herrlichen Lebkuchen, verziert mit Krokant, Minzblättern und Honigaufstrich in ihren Backofen. Das war ein wunderbares Bild. Nachts hatte es ordentlich geschneit und es war klirrend kalt, schon seit Tagen.

Überall im Schnee sah man kleine Spuren der emsigen Wubbjes und ihrer Tierfreunde. Sogar die Insekten und auch die Blindschleiche Selma unterbrachen ihren Winterschlaf, um an diesem Tag dabei zu sein. Hier und dort konnte man kleine, liebevoll eingepackte Geschenke erspähen. Die Wubbjes und Tiere wollten sich eine Freude machen. Gemeinsam hatten sie in diesem Jahr wieder einmal etliche Abenteuer erlebt.

Einige Käfer krabbelten eilig zu einem großen Steinhaufen. Dort, in ihrem Winterquartier, stand eine Pfanne mit gerösteten Bucheckern, fein gehacktem, getrockneten Hainbuchenlaub und süßem Honiggras auf dem Herd. Das würde ein Schmaus werden. Im Schnee war zu sehen, dass sich die Blindschleiche Selma dort entlang geschlängelt hatte. Eigentlich hielt sie Winterstarre, aber für diesen Tag hatte sie sich etliche Wecker gestellt. Warmer Dampf stieg hinter einem großen Stein hervor. Der Duft von in Öl zubereiteten Maiskolben stieg einem in die Nase. Maiskolben, mit einer Prise Salz, Joghurt und Dill zubereitet, lecker!

Auch die alte Dame Ammellie bereitete schon eine ganze Menge vor. Hier würden heute Abend die Gäste eintreffen. Sie putzte ihr gemütliches Häuschen bis alles blitzeblank war, hantierte zeitgleich an Ofen und Herd herum und freute sich auf den gemütlichen Abend. Ihre Holzofen tuckerten vor sich hin und verbreiteten eine gemütliche Wärme. Birken- und Eichenholz sorgten auch hier für einen angenehmen Duft. Als sich der Nachmittag dem Ende näherte stellte sie überall kleine Kerzen auf. Natürlich fehlte auch ein Tannenbaum nicht. Geschmückt mit silberfarbenem Lametta, kleinen Geschenken für ihre vielen Freunde, sorgsam in buntem Papier verpackt. Auch einige bunte Kugeln und Weihnachtssterne aus Stroh baumelten an den Ästen der Tanne. Es war herrlich gemütlich und die Feier konnte beginnen.

Gleichzeitig, am Rande des Wubbjewaldes, ging die Sonne langsam unter. Der klare, blaue Himmel färbte sich im Westen in einem hellen Orangerot mit lilafarbenen Tönen. Es war schon jetzt bitterkalt. Eine eisige Nacht stand dem Wubbjeland bevor. Die ersten Wolken zogen auf, vermutlich würde es heute noch schneien. Plötzlich, auf einem vereisten Waldweg, sah man ein kleines Etwas das Wubbjeland betreten. Eine kleine Blaumeise, auf einem Bein hinkend, schleppte sich müde durch den Schnee in den Wald hinein.

Sie flog nicht mehr, dafür schienen ihre Kräfte nicht auszureichen. Sie trug ein kleines Bündel auf dem Rücken und bewegte sich nur noch ganz langsam voran. Die Blaumeise hatte ihre zerzausten Federn ordentlich aufgeplustert, um sich dadurch etwas zu wärmen. Doch die Kälte war unbarmherzig. Sie drang auch unter ihren Federn hindurch. Leicht zitterte die kleine Meise und schleppte sich betrübt den Weg entlang. An ihrem Schnabel hatten sich schon Eiskristalle gebildet. Sie trug eine kleine Mütze aus der Wolle der Heidschnucke und zog diese tief ins Gesicht. Leise und erschöpft fiepte sie in den Wald hinein: „Hallo, ist da wer? Hallo ihr Wubbjes, hört mich denn keiner?" Doch die Tiere und die Wubbjes konnten sie nicht hören. Sie waren schon alle auf dem Weg zum Haus der Frau Ammellie, um dort gemeinsam ein fröhliches Weihnachten zu feiern.

Im Wohnzimmer hatte sich schon eine lustige Gesellschaft eingefunden. Auch Pfarrer Elvis war mittlerweile erschienen und trug auf dem Kopf eine rote Weihnachtsmütze mit blau-weiß-schwarzen Bommeln. Ein altes Grammophon sorgte für schmissige Musik und Elvis spielte Gitarre und sang lauthals Seemanslieder dazu. Ein paar Wildbienen hatten bereits angefangen zu tanzen. Auch Blindschleiche Selma, Wolle Wildschwein und viele der Wubbjes wippten schon im Takt der Musik. Auf dem großen Eichentisch im Wohnzimmer stand ein riesiges Büffet. Die zubereiteten Speisen präsentierten sich in solch einer Pracht, dass man nicht wusste, wo man zuerst hinschauen sollte. Wubbje Gorgonzola mampfte schon glücklich vor sich hin und lobte sich selbst für seine Käse-Kochkünste. „Hmh, ein echter Hochgenuss. Käsekuchen mit Zuckerguss. Kommt schnell her und nehmt euch mehr!" Da ließen sich Wubbjes und Tiere nicht zweimal bitten. Knolle schob sich ein großes Stück Käse auf einen Teller. Frosch HüpfeHopfs löffelte fröhlich in einer Schüssel mit Birnenkompott und die Grashüpfer knabberten gut gelaunt an einem Zimtstern. Immer mehr Wubbjes betraten das gemütliche Wohnzimmer. Sie begrüßten sich gegenseitig, wünschten sich ein frohes Fest und tauschten kleine Geschenke aus. Frau Ammellie erhielt von Lolly und Mungo ein selbstgemaltes Bild, kunstvoll eingerahmt mit Birkenästen. Knolle schenkte Flocke eine gemütliche Bettdecke aus echter Schafwolle. Die Amsel Kniffel blätterte gerührt in einem gerade erhaltenen Buch über Flugakrobatik. Weihnachten war etwas Besonderes. Wenn man Weihnachten mit Freunden, Verwandten und Bekannten feiern kann, dann öffnet sich das Herz vor lauter Glück. Als es dann auch noch anfing zu schneien, wussten sie das Fest umso mehr zu schätzen. „Ist es nicht schön, dass wir ein Dach über dem Kopf haben?", fragte Knolle seine Flocke. „Ja, das ist es wirklich. Und es ist keine Selbstverständlichkeit. Wir können froh sein, über das, was wir haben. Das ist herrlich." Mit einem großen Glas Traubensaft stießen sie darauf an.

Die kleine Blaumeise bewegte sich immer langsamer den Weg entlang. Sie hatte keine Kraft mehr. Ihr Bein schmerzte, sie hatte großen Hunger und war völlig durchgefroren. Dicke Schneeflocken fielen auf sie herunter. Die Blaumeise sah mittlerweile schon aus wie ein kleiner Schneeball, der langsam einen Weg entlangrollt. In tiefer, dunkler verschneiter Nacht, mitten an Heiligabend. Die kleine Meise war ein Flüchtling. Sie kam aus einer weit entfernten Gegend und hatte sich auf den Weg ins Wubbjeland gemacht, weil es bei sich keine Körnchen mehr zu fressen gab. Und niemanden, der im Winter Futter ausstreute oder Fettknödel an die Äste hängte. Das gab es leider häufig. Manche Gegenden waren so arm an Futterpflanzen, dass eine große Not im Winter einzog.

Völlig übermüdet setzte sich die kleine Meise unter einen Baum und fing leise an zu weinen. So hatte sie sich Weihnachten nicht vorgestellt. Alleine, in einem fernen Land, hungrig, durchgefroren und nicht wissend, wie sie die Nacht durchstehen sollte. Sie öffnete ihr kleines Päckchen. Dort hatte sie noch einige vertrocknete Beeren, eine winzige, schrumpelige Wurzel und ein paar Brotkrümel drin. „Fröhliche Weihnachten", schluchzte sie leise. „Fröhliche Weihnachten, Winny", sagte sie zu sich selbst, ehe sie eine kleine Decke aus ihrem Päckchen holte und versuchte, sich irgendwie gegen die Kälte zu schützen. Sie hatte große Angst, die Nacht nicht zu überstehen. Wenn es so kalt ist und Vögel nichts zu essen haben, dann sind die kalten Nächte sehr gefährlich.

Ihr müsst wissen: Vögel verlieren in einer kalten Nacht schon mal einen hohen Anteil ihres Körpergewichtes. Dann verbringen sie nahezu den ganzen Tag mit der Futtersuche. Wenn sie dann nichts finden, dann können sie leider sehr schnell verhungern.

Spätestens jetzt brauchen sie auf jeden Fall unsere Hilfe. Vielleicht habt Ihr ja Lust, auch einige Körnchen draußen auszustreuen oder ein paar Meisenknödel aufzuhängen?

Plötzlich sah die kleine Meise eine Art Schatten in der Luft. Ein großes, weites Etwas schwebte dort zwischen den Bäumen entlang.

„Hallo, Hallo? Ist da wer?", fiepte sie so laut sie konnte, obwohl sie große Angst hatte. Und tatsächlich, der Schatten näherte sich langsam und plötzlich landete ein großer, grauweißer Vogel vor ihr. Es war die Eule „Joe Hill", welche gerade mit einigen Geschenken, frisch gebackenem Brot und einem Topf heißer Zwiebelsuppe auf den Weg zur alten Frau Ammellie war. „Ohhh", Joe Hill erkannte sofort die Situation. „Du arme, kleine Meise. Schnell, nimm etwas von der Suppe, das wird dir gut tun und dich aufwärmen!"

Gutmütig blickte Joe Hill auf das kleine Wesen herab.

Die frierende Meise Winny weinte. Sie war so froh, dass jemand sie gefunden hatte. Und einen Hunger hatte sie! Bestimmt eine halbe Stunde futterte sie ununterbrochen, ohne zu reden. Ja, sie schlang die Zwiebelsuppe und das Brot richtiggehend herunter, das wärmte so schön von innen. Mitfühlend schaute die Eule sie an und schenkte ihr immer wieder Suppe nach. Das war doch klar, da war jemand in Not. Wenn jemand in Not ist, dann will man doch helfen, keine Frage, ist doch Ehrensache! Joe Hill war froh, die kleine Winny noch rechtzeitig gefunden zu haben. „Du kommst heute mit mir!", sagte sie mit ihrer dunklen, angenehmen Stimme. „Ich bringe dich ins Warme, wo du dich erstmal ausruhen kannst." Glücklich lächelte die kleine Meise. „Danke! Danke, dass du mir hilfst. Aber ich kann nicht gut laufen. Auf dem weiten Weg habe ich mein Bein verletzt." „Ich trage dich doch!" Joe Hill legte einen Flügel um Winny und spendete ihr Trost. Dann nahm sie die kleine Meise in ihren Schnabel und flog mit ihr schnurstracks zur alten Frau Ammellie.

Das war wirklich Rettung in letzter Sekunde. Mit einem großen Schwung flog Joe Hill mitten in das Wohnzimmer und lieferte Winny direkt neben dem Ofen ab. Da staunten die Wubbjes und Tiere. „Oh, wen hast du denn da mitgebracht, Joe?", fragte Mungo ganz erstaunt. Joe Hill schilderte die Situation und schnell umringten einige Wubbjes den neuen Besucher. Die Meise wusste gar nicht wie ihr geschah. Sie wurde in warme Wollklamotten gesteckt, erhielt einen heißen Brennnesseltee mit Honig und sofort einige Leckereien von dem großen Weihnachtsbüffet. Pfarrer Elvis legte vorsichtig einige Beinwellblätter um das verletzte Bein. Beinwell wächst in fast jedem Garten und ist eine Pflanze, die ganz hervorragend gegen Verstauchungen und Blessuren hilft. Winny lächelte glücklich aber völlig erschöpft. „Ist das schön", murmelte sie. „Danke!" „Na logo!", johlte Hirschkäfer Krakolino, der ihr auch sofort einen Schluck Meerrettichsaft aus seinem Steinkrug anbot.

Und Flocke sagte: „Du wohnst erst einmal bei Knolle und mir. Dich kriegen wir wieder gesund. Und einen Platz in unserem Wubbjeland finden wir auch für dich. Fröhliche Weihnachten, kleine Winny!" „Fröhliche Weihnachten!", riefen auch die anderen Wubbjes in einem großen Chor. „Fröhliche Weihnachten!", fiepte Winny leise, bevor sie sich glücklich und zufrieden erst einmal hinlegte, um etwas Schlaf nachzuholen. Na das war ja gerade nochmal gut gegangen.

Fröhliche Weihnachten an Euch alle, die Ihr ein gutes Herz habt und auf Eure Mitmenschen und Mittiere achtet! Fröhliche Weihnachten all jenen, die sich auch um die kleinen Dinge in der Natur kümmern! Fröhliche Weihnachten!

7. SPEZIALGeschichte: Fußball für den Artenschutz

Während die anderen Geschichten dieses Buches für die Altersklasse 7-12 Jahre vorgesehen sind, so richtet sich dieses Kapitel auch an Kinder über 12 Jahren (…und ihre Eltern, denn Kindheit ist nicht immer altersabhängig).

Eines lieben die Wubbjes besonders, und das ist Fußball. Tolle Stimmung, ein immer währendes Gesprächsthema, ein herrlicher Zeitvertreib und jede Menge Unterhaltung.

Und eines Tages spielte der Hummelburger SV gegen den VFL Otternbrück. Ein Spiel im Pokal, WFL-Pokal, der Pokal der Wubbje-Fußball-Liga, Halbfinale. Ein echter Kracher! Die Mannschaft aus Otternbrück spielte in Hummelburg. Zeitungen berichteten, das Fernsehen hatte sich angemeldet, das ganze Wubbjeland sprach seit Wochen von nichts anderem. Der Sieger würde im Finale in Bärlin gegen die Krokodile aus der Alligatorarena spielen.

Der sympathische VFL Otternbrück, der gefühlt in der 2. Wubbjeliga spielte, der vermeintliche Nobody, hatte es mit seinem weitsichtigen Ewigkeitstrainer Joe Eule geschafft, eine ganze Menge Mannschaften aus dem Wettbewerb zu schießen.

Der Hummelburger SV war dennoch der große Favorit. Immerhin spielte man zuhause im Vogelparkstadion. Eines der besten Stadien überhaupt, weltweit, großartige Fans, vielleicht sogar die Besten, auf dem gesamten Planeten. In blau-weiß-schwarz gekleidet, Tradition, Flair und Stil. Leider blieb den Mannen um ihren sympathischen Trainer „Blaue Libelle" in den letzten Jahrzehnten ein Titel verwehrt. Und trotzdem standen die Zuschauer wie eine Eins hinter ihrem Team und fuhren, krochen, krabbelten und flogen zu Tausenden zu weit entfernten Spielen im ganzen Wubbjeland. Sie zeigten, dass wahre Fußballliebe nicht abhängig von Erfolgen oder Titeln ist. „Erst in der Niederlage offenbart sich echter Charakter", so sagten sie manchmal. Und die Hummelburger hatten in den letzten Jahren sehr, sehr, sehr oft die Gelegenheit, ihren Charakter zu zeigen. Manchmal war das schmerzhaft, aber wer Charakter hat, der kann auch Niederlagen ertragen. Der kann überhaupt alles ertragen. „Ein Fußballteam sucht man sich nicht aus", sagten sie immer. „Man hat es oder hat es eben nicht. Und was man hat, das hat man auf immer und ewig. Und darauf darf man stolz sein, komme, was da wolle!" Und sie hatten Recht. Eine Mannschaft anzufeuern, die ständig Titel gewinnt, das ist einfach, das kann ja jeder! Eine Niederlage ist eine tolle Gelegenheit wieder aufzustehen, den Rücken gerade zu richten und neu anzugreifen. Niederlagen gehören zum Leben dazu. Dann soll man nicht schmollen und sich verstecken sondern weitermachen, als große Familie zusammenhalten und es einfach nochmal versuchen! Vielleicht würden die Hummelburger irgendwann einmal nicht mehr in der ersten Liga spielen - na und? Erste, zweite, dritte oder vierte Liga - der Lieblingsverein bleibt der Lieblingsverein. Liebe ist unabhängig von Erfolg! *[Anmerkung des leidenden Autors (es muss jetzt einfach raus...):*

Zum jetzigen Zeitpunkt (1. März 2018) lässt sich der Eindruck nicht verwehren, dass der Abstieg in die zweite Liga geschehen könnte. Sollte dieses Szenario tatsächlich eintreten: Tragen wir es mit Größe! Egal was passiert, uns kann nichts erschüttern! Lustlose, völlig überbezahlte Profis (einige), montäglicher Hohn und Spott, gefühlt fast jede Woche...Verflixt und zugenäht und auf den Tisch gehauen!!! Wir machen weiter, denn uns kann keiner was! Wir sind größer als der Abstieg. Und wer zuletzt lacht, lacht am besten!].

Und jetzt standen sie endlich einmal wieder im Pokal-Halbfinale. Ganz Hummelburg und Umgebung wartete gespannt auf den Abend.

Der Gegner, der VFL Otternbrück, auch bekannt als die „Jungs aus der Hasenstadt", war gleichfalls ein toller Verein. Die „Lila-Weißen" waren bekannt für ihren Kampfgeist und ihre Leidenschaft. In ihrem Stadion an der Biberbrücke, in welchem die Stimmung manchmal förmlich überkochte und die Gegner bei Flutlicht zittrige Knie bekamen, hatten sie schon so manch überheblichen Erstligist nach Hause geschickt. Auch die Hummelburger hatten das in den letzten Jahren schmerzhaft zu spüren bekommen.

Das Stadion war seit Wochen ausverkauft. Aus Otternbrück fuhren fünf Sonderzüge, angetrieben durch Pedalantrieb. Tausende von lila-weiß gekleideten Ottern, Wubbjes, Bibern, Hasen, Ohrenkneifern, Eichhörnchen, Bussarden, Affen vom legendären „Affenfelsen" und viele, viele andere machte sich auf den Weg.

Der VFL Otternbrück war ein Verein mit Tradition. Trotz einer langen Durststrecke in der 3. Liga hielt auch hier das treue und begeisterungsfähige Publikum in großen Massen zu ihrem Team. Und die Fans hielten sogar einen besonders umweltfreundlichen Rekord. Ein Spiel beim benachbarten Verein „Sportclub Motte" besuchten sie zu Hunderten mit dem Fahrrad. Das war ein fröhlicher, klingelnder Tross, der da zum Auswärtsspiel geradelt war, und noch dazu ökologisch wertvoll. Die Tiere und Wubbjes aus dem Wubbjeland fuhren ja eh nicht gerne Auto. „Straßenlärm und Abgase stinken uns!", sagten die Wubbjes, wann immer sie nach den Gründen gefragt wurden.

Etliche Fans der Otternbrücker sangen sich in ihrem Hauptquartier warm. „Gleis 11 - Olafs Laden", ein Kiosk mit Gastraum auf Gleis 11 in Otternbrück. Der beste Gastraum und Kiosk von Otternbrück bis zum Nordkap, so sagten viele. Hier hatte sogar ein Fanclub sein zuhause. „Lila Mundharmonika", die konnten Stimmung machen! Dann pusteten sie gemeinsam in ihre Klanggeräte und ein tolles Konzert schallte durch die Lüfte!

„Olafs Laden" war eine herrliche Einrichtung. Hier war jeder willkommen. Ständig wurde über Fußball und das Leben im Allgemeinen geredet. Es floss jede Menge Blütennektar, in kleinen Hagebuttenbechern serviert. Der Laden war noch echtes Kulturgut. Hier war alles noch wie vor 30 Jahren. Und das mochten die Gäste. Jeder wurde so akzeptiert wie er war. Schmetterling, Kellerassel, Igel, Laubfrosch, Feldmaus oder röhrender Hirsch. Man achtete und respektierte sich gegenseitig, erzählte einen

Schwank aus dem Leben und hörte sich gegenseitig zu. So sollte es überall im Leben sein.

Frosch HüpfeHops und seine gute Freundin, die Blindschleiche Selma, waren heute auch mit dabei.

Beide saßen nun an einem Tisch, fachsimpelten mit Wirt Olaf und warteten auf ihre Kumpels „Schmetterling Alfons" und Schimpanse Uwe.

In Otternbrück standen sie immer auf dem grandiosen „Affenfelsen", einer (wohl weltweit einmaligen) Ecke des Stadions, direkt bei der Ostkurve, in der den Besuchern manchmal förmlich die Ohren klingelten. Sogar das Fußballmagazin „11 Frettchen" hatte schon darüber berichtet.

Berberaffen, Orang-Utans, Schimpansen, Weißbüscheläffchen und hier und da ein Gorilla machten einen solchen Lärm, dass den Gegnern manchmal „Angst und Bange" wurde. Dabei waren aber alle friedlich! Blindschleiche Selma schlängelte sich dann am Zaun hoch, um auch etwas zu sehen. Frosch Hüpfehops sprang manchmal aus dem Stand zwei Meter in die Luft und feuerte sein Team an. Dabei plusterte er mächtig die Backen auf, ehe sein dröhnendes „Quaaaaaaak - Auf geeeeeeehts Jungs!" erklang. Die Affen auf dem Affenfelsen, allen voran Schimpanse Uwe, trommelten wie verrückt auf allem herum, was ordentlich Radau machte. Schmetterling Alfons flatterte dann ganz aufgeregt über den Köpfen hin und her und brüllte seinen Kumpels, die ja nun etwas kleiner waren als die meisten, begeistert zu, wenn die Otternbrücker wieder einen gelungenen Spielzug ablieferten.

Und endlich kam Alfons nun in den Kiosk hineingeflogen, natürlich auch mit lila-weißem Schal. „Na Jungs, alles paletti?", rief er voller Vorfreude. Auch Schimpanse Uwe hüpfte gut gelaunt zur Tür herein. Die Truppe begab sich nun auf den Bahnsteig. Hüpfehops und Selma schlugen ihren kleinen Kollegen begeistert auf die Schultern. „Da seid ihr ja endlich. Die Pedalo-Lokomotive kommt gleich."

Geräuschvoll tuckerte eine große, alte Lok in den Bahnhof ein. Weißer Rauch stieg aus dem Kessel und es pfiff, zischte und ratterte, dass man sein eigenes Wort kaum verstand. Aber das hörte hier eh kaum jemand, denn die Otternbrücker sangen und klatschten, was das Zeug hielt.

Blindschleiche Selma, HüpfeHops, Schimpanse Uwe und Alfons saßen in einem Abteil gemeinsam mit einigen lilafarbenen Käfern und dem dicken Wubbje Gorgonzola, der wie üblich ein großes Stück Stinkekäse mit sich trug und in Reimform vor sich hinbrabbelte. Ein bisschen nervös waren sie ja schon alle. Emsig traten sie alle in kleine Pedalen, um dadurch die Lokomotive zum Fahren zu bringen. Ein Spiel bei den großen Hummelburgern gab es nicht jeden Tag. Vor dem Stadion wollten sie einige ihrer Freunde treffen. Hinkebein, die dicke Hummel, Maiky Mörtelbiene und Blatthaus Honky, alle begeisterte Fans der Hummelburger. Mit den Dreien verbanden sie eine jahrelange Freundschaft. Fußball ist ein friedlicher Sport. Gemeinsam mit den Fans der gegnerischen Mannschaft etwas Nektar trinken und „einen dicken Draht quatschen", das war etwas Feines. Das Spiel würden sie aber trotzdem getrennt schauen. Aber nun fuhren sie erst einmal durch die Landschaft. Und der Zug knirschte und rumpelte vor sich hin. Etwas mürrisch blickte HüpfeHops nach draußen: „Maisfelder, Maisfelder, Maisfelder. Überall nur Maisfelder. Und ab und zu ein leerer Acker. Alles aufgeräumt und begradigt, keine Wildnis weit und breit. Keine Wildblumen, kaum Hecken, keine Tümpel. Was für eine langweilige Landschaft." Selma nickte: „Die Menschen kapieren es einfach nicht. Wo sollen wir denn leben? Und wo sollen die Insekten ihre Nahrung finden? Irgendwann werden sie uns und sich selber noch ausrotten." Alfons ergänzte: „Es ist dramatisch. Überall setzen sie Chemie ein. Sie pressen jedes Stück Land aus wie ein Schwamm, bis nichts mehr drin ist. Sie sind so unaufmerksam. Wenn ich durch die Landschaft fliege, dann sehe ich eine Wüste in grün. Grün bedeutet nicht immer Leben, denn dort lebt ja kaum etwas. Die Vögel finden keine Wildsamen und wir Insekten wissen nicht, wo wir Pollen und Nektar herholen sollen. Viele unserer Freunde sitzen abends vor einem leeren Tisch. So ein Insektenmagen kann ganz schön laut grummeln. Die Bauern sind schuld an unserem Elend! Ein Glück gibt es aber auch einige wenige, welche Wild- und Blühwiesen anlegen, Totholz stehen lassen, keine stinkende Chemie einsetzen, Schmetterlingsflieder einpflanzen und sich für uns ins Zeug legen. Ansonsten sähe es düster aus."

Wubbje Gorgonzola brummelte schlecht gelaunt vor sich hin: „Keine Blumen auf den Wiesen, das wird uns allen den Tag vermiesen! Keine Farben, eintönig, für uns alle langweilig!

Ihr trägen Menschen, wacht mal auf, sonst nimmt das Unheil seinen Lauf!"

Frosch HüpfeHops schaute nachdenklich aus dem Fenster. „Ich glaube die Bauern können nichts dafür. Sie müssen oftmals so handeln, ansonsten können sie ihre Maschinen und Höfe nicht bezahlen. Die Menschen wollen nichts für Lebensmittel ausgeben, alles muss billig sein und günstig. Viele Bauern würden gerne anders handeln. Dafür werden sie aber nicht entlohnt, weil keiner das Geld ausgeben möchte. Sie können ja dann nicht anders. Es ist eine Katastrophe. Immer diese verdammte Chemie auf den Feldern. Und wofür? Einen Großteil der wertvollen Lebensmittel werfen die Menschen doch eh auf den Müll!"

Schimpanse Uwe ergänzte: "Es gibt schon lange viele Alternativen. Düngung mit Pflanzen, statt mit Gift. Unterschiedliches Gemüse auf Äckern statt einseitige Ausbeutung. Leider wollen viele Menschen keine angemessenen Preise zahlen. Mir tun die Landwirte leid. Sie müssen ja auch sehen, dass sie über die Runden kommen."

Die Tierchen hoben zornig ihre Becherchen mit Hollundersaft und brüllten ihren Lieblingsschlachtruf: „Keine Chemie, mit uns nicht und nie! Keine Chemie, mit uns nicht und nie!"

Und die dicke Lokomotive tuckerte durch den emsigen Pedalantrieb der kleinen Fahrgäste stetig in Richtung Hummelburg. Ab und zu wurde sie von einem Tross Buchfinken mit lila-weißen Schals überholt, welche fröhlich winkend an ihnen vorbei flogen.

In Hummelburg sammelten sich schon Tausende von Wubbjes, Hummeln, Kegelrobben, Heringen, Möwen, Hummern und Krebsen und viele, viele andere Tiere, um das glorreiche Ereignis zu verfolgen. Ganze Ströme von Insekten, mit Pauken und Trompeten, machten sich auf den Weg zum Stadion. Überall blau-weiß-schwarz, große Fahnen, Transparente, leuchtende Augen und klopfende Herzen. Das Blau der Wubbjes passte prima zu den Vereinsfarben. Die Wubbjes trugen dazu getrocknete weiße und blaue Blüten der Lichtnelke, des Wasserhahnenfußes, der Kornblume oder der Wegwarte. Und sie sangen ein unerschöpfliches Sammelsurium unterschiedlicher Lieder, in denen sie ihren Verein huldigten oder aber die gegnerische Mannschaft auch einmal humorvoll aufs Korn nahmen. Hunderte von Fröschen, Hummeln, Eichhörnchen, Feldhasen und Laubkäfern sammelten sich vor winzigen Fernsehern, um gemeinsam das Ereignis zu verfolgen. Das hier war die Königsklasse der Begeisterung, die Kaiserstufe der Leidenschaft. Kleine Schwalben flogen im Vogelparkstadion munter umher, um den Zuschauern Körnchen, Beeren, Saft oder Hagebuttentee zu servieren. Auch ein großer Dinosaurier war mit einigen befreundeten Maulwürfen zu Gast. Winzige Glühwürmchen sorgten für ein stimmungsvolles Licht auf den Rängen. Die Atmosphäre knisterte wieder einmal, ein Spiel in Hummelburg war immer ein echtes Erlebnis.

Beim Hummelburger SV spielten Leistungsträger wie Ulli Steinkauz, Kapitän Heiko Westermaus, Panda Dachsopoulos und Wiedehopf Jaro.

Auch Dennis Igelreiher, Kevin Kegelrobbe, Mighty Marcelo, Lumpi Sprotte und natürlich im Sturm Fiete Ameise sowie Uwe Seeadler waren tolle Spieler. Dass der Verein endlich wieder erfolgreich war hatten sie insbesondere ihrem tollen Trainer „Blaue Libelle" zu verdanken, der das Team allen Stürmen zum Trotz in ruhiges Fahrwasser geführt hatte. Wenn der Sturm Orkanstärke erreichte, es von allen Seiten regnete, donnerte und blitzte, dann ging er voran, mutig voraus! Alles Unheil prallte einfach von ihm ab. Die Hummelburger hatten aber auch das Glück, einen großen Gönner auf ihrer Seite zu haben: Onkel Kuno, der immer wieder emsig ganze Wagenladungen von Bucheckern, Sämereien, Eicheln und Kastanien für den Verein anliefern ließ. Irgendwie mussten sie ja ihre teuren Spieler auch bezahlen. Ohne Onkel Kuno wäre das in der Vergangenheit wohl nicht möglich gewesen. Onkel Kuno hatte hier in Hummelburg ein Denkmal verdient. Sein Einsatz für den Verein war großartig!

Der VFL Otternbrück war aber auch nicht schlecht aufgestellt. Hier standen Spieler wie Uwe Brummer, Koala Engel, der mutige Mirku Waschbätti oder Lodda Ganter auf dem Platz. Auch Guido Storch, Willi Mümmelmann, Adler Vedda oder der ewig kämpfende Pelle Wollschwein waren ebenfalls nicht zu unterschätzen.

Die Sonderzüge aus Otternbrück waren nun in Hummelburg eingetroffen. Tausende lila-weiß gekleidete Tierchen und Wubbjes schoben sich in Richtung Spielstätte. Gut gelaunt, friedlich, laut und sangesfreudig. Die Otternbrücker waren guter Dinge, dass ihr Verein heute ins Finale einziehen würde. Wubbje Gorgonzola begleitete sie. Vor dem Stadion, an einer Bude mit Fliedernektar, trafen sie ihre Kumpels Hummel Hinkebein, Honky Blattlaus und Maiky Mörtelbiene. Die Freunde begrüßten sich mit einem lauten „Hallo" und klopften Sprüche, was das Zeug hielt. „Na ihr Ottern-brücker, habt ihr auch genügend Taschentücher mit? Das wird ein trauriger Abend für euch!", johlte Hinkebein, der auf seiner Fanweste den Gruß der Hummelburger „Hummel Hummel Mors Mors" trug. Das bedeutete so viel wie: "Gebt Moos aus für die Hummeln, die können es gebrauchen. Rettet die Artenvielfalt und unterstützt die kleinen Tierchen!" Und Maiky summte: „Im-merhin seht ihr heute einmal richtige Ballartisten, leider nicht in euren Reihen, höhöhö!" Hüpfehops, Schimpanse Uwe, Blind-schleiche Selma und Schmetterling Alfons grinsten. „Na lacht ihr mal solange ihr noch könnt. Nach dem Spiel lacht nur lila-weiß! Ihr habt wohl vergessen, wie wir euch vor einigen Jahren an der Biberbrücke nach Hause geschickt haben, was?", krakehlten sie. Wubbje Gorgonzola kam mit einigen Bechern Fliedersaft hinzu. „Lila ist der Fliedersaft, gibt uns`rer Mannschaft ganz viel Kraft. Weiß am Himmel leuchtet hell, der schönste Stern, der VFL!" Alle johlten sie und stimmten gemeinsam ein paar Lieder an. Sich ge-genseitig zu necken, das gehört dazu, das macht den Fußball aus. Sie waren Kumpels und wünschten sich nur das Beste, aber man kann eben nur einer Mannschaft die Daumen drücken. Hinkebein, Maiky und Blattlaus Honky schauten viele Spiele zu-sammen.

Wenn sie nicht im Stadion waren dann saßen sie oft in ihrer kleinen Asthöhle, der sogenannten Schnatgangarena beisammen und schauten das Spiel auf einem klapprigen Schwarz-Weiß-Blau-Fernseher. Eine alte Büroklammer, die sie einmal am Wegesrand gefunden hatten, hielt dann als Antenne her. Neuerdings versuchten sie aber auch über eine große Blüte der Kapuzinerkresse Satellitenempfang zu bekommen.

„Die Wolken sind weiß, der Himmel ist blau, heut` nur ein Sieger, der HSV! Ewig dabei, egal ob Liga zwei, hol`n wir den Pokal, mal wieder, nochmal!", schrie Honky und wieder johlten sie alle gemeinsam ob des geglückten Reimes.

Ein paar große Schillerfalter sowie einige Trauermäntel (wunderschöne Schmetterlingsarten) applaudierten gut gelaunt. Diese prächtigen Schmetterlinge benötigten keine Fanutensilien, denn sie waren von Geburt an schwarz-weiß-blau gefärbt.

Auf Seiten der Otternbrücker gab es Ähnliches auch. Die Weinschwärmer trugen die lilafarbenen Vereinselemente in ihren Flügeln und wurden, wo immer sie waren, mit einem freundlichen Kopfnicken bedacht.

Langsam rückte der Anpfiff näher. Die Freunde trennten sich und die Otternbrücker gingen in ihren Sektor, die Hummelburger auf die prächtige Nordtribüne. Und was war das für ein Anblick! Dicht gedrängt saßen oder standen Wubbjes und Tiere zusammen. Fahnen wehten, Transparente hingen, die Tiere und Wubbjes klatschten und stampften mit ihren kleinen Fühlern und Beinchen was das Zeug hielt. In einer Ecke des weiten Rundes standen Hunderte von Krebsen zusammen und klapperten angsteinflößend mit ihren Scheren. Sturmmöwen flatterten begeistert und hüpften auf und ab. Mäuse, Igel und Seerobben wedelten mit ihren Schals und sangen lautstark Lieder, deren Schall sich am Stadiondach brach, wieder ins weite Rund zurückgeworfen wurde und den Zuschauern den Eindruck vermittelte, in einer Kathedrale des Fußballs zu sein. Wer einmal in Hummelburg im Stadion war, der kam immer wieder, echte Gänsehaut garantiert. Die Otternbrücker waren beeindruckt von der wohl weltweit einzigartigen Atmosphäre. Aber nur ganz kurz, denn tolle Atmosphäre kannten sie ja auch von der Biberbrücke. Lila-Weiße Ohrenkneifer legten ihre Ärmchen um lila-weiße Wildbienen. Raupen, Schmetterlinge, Käfer und Sandflöhe hakten sich gegenseitig mit ihren kleinen Fühlern ein und ab ging die Post. Eine ganze Tribüne, komplett in lila-weiß gefärbt, dröhnte und bebte aufgrund der Tausenden von Insekten, welche gemeinsam auf und niedersprangen und summten und brummten.

Frosch HüpfeHopfs hüpfte vor lauter Begeisterung noch höher in die Luft als sonst. Die Affen vom Affenfelsen, angeheizt durch den Schimpansen Uwe, trommelten in schierer Ekstase auf leeren Blechdosen und aus dem Block der Otter wurden einige Wunderkerzen gezündet. Das war Begeisterung, das war Atmosphäre! Die Wubbjes auf beiden Seiten feuerten die Mannschaften an „als gäbe es kein Morgen"! Und morgen würden sie vermutlich heiser sein, aber das machte ihnen nichts aus. Eines war klar: Egal wer hier weiterkommt, der arrogante Gegner aus der Alligatorarena würde es im Finale stimmungsmäßig schwer haben. Deren Atmosphäre war häufig so leise, dass man auf der Tribüne sogar das Gras auf dem Spielfeld wachsen hörte.

Und dann liefen sie ein, die beiden Mannschaften. Das ganze Stadion erhob sich und alles war nur noch ein einziges Geklatsche, untermalt von wilden Gesängen, Luftschlangen, wehenden Fahnen und Konfetti. Auf der Reportertribüne moderierten einige Hirschkäfer, allen voran Chefreporter „Grille Krakenmann" lautstark in ihre kleinen Mikrophone. Ja, sie brüllten fast, damit die Zuschauer und Zuhörer vor Radios und Fernsehgeräten auch nichts verpassten.

Und plötzlich wurden riesengroße Transparente ausgerollt, welche sich teilweise über ganze Tribünen erstreckten. „Schafft mehr Biotope!", stand darauf. „Blühwiesen für alle!", „Wildblumen in jedem Garten, jetzt!", „Artenvielfalt bedeutet Leben".

Die Hummelburger und Otternbrücker Fans hatten sich das gemeinsam überlegt. Sie wollten noch einmal alle gemeinsam ein Zeichen setzen! Die Situation der Artenvielfalt war beängstigend. Viele, viele Arten, egal ob Pflanzen oder Tiere, hatten sich in den letzten Jahren erheblich reduziert, viele waren vom Aussterben bedroht. Im Frühling war es in manchen Gegenden nahezu stumm, weil es immer weniger Vögel gab. Zwar würden die Menschen dieses Ereignis hier wohl nicht sehen und vermutlich waren sie auch zu träge, bequem oder zu gierig nach Geld, um die

Situation zu ändern, aber man weiß ja nie! Es muss doch irgendwo da draußen jemanden geben, der die Ärmel hochkrempelt und laut und energisch ruft: „So geht es nicht weiter! Geredet und gequatscht wurde genug! Seit Jahren! Hört auf nur bequem rumzulaben! Von der Politik ist wohl nicht viel zu erwarten, von wenigen Ausnahmen mal abgesehen! Und zu sagen: Die anderen sollen es richten, die Behörden, die Umweltverbände, die Naturschutzgruppen, das ist viel zu einfach und zu passiv! Zudem ist es eine Herkulesaufgabe. Wir alle (!) sind gefragt! Ich helfe Euch. Und ich bringe noch drei, vier Freunde mit! Wir (!) gehen raus und schaffen gemeinsam etwas für die Artenvielfalt, die wir alle doch so dringend brauchen! Das können wir alle, es ist ganz einfach! Dann pflanzen wir Hecken und Obstbäume, regionale, alte Obstsorten, legen Teiche und Weiher an, bauen Trockenmauern, Nistkästen, sorgen für Blühsteifen und Blühwiesen.

Wir pflanzen Wildrosen für Bienen, einen Wacholderstrauch für die Klappergrasmücke! Traubenkirsche, Kreuzdorn und Felsenbirne!

Das Wort „Unkraut" streichen wir aus unserem Sprachgebrauch! Es gibt kein „Unkraut"! Das Wort wurde von Menschen erfunden, die keine Ahnung haben und ahnungslos mit der Natur umgehen! Wir pflanzen Distelarten, von denen sich der Stieglitz ernähren wird. Brennnesseln lassen wir stehen, denn diese sind lebenswichtig für verschiedene Schmetterlinge und ihre Raupen (z.B. Tagpfauenauge, Kleiner Fuchs, Admiral).

Klatschmohn, Kornrade und Kamille-Arten: Magneten für viele Insekten und wunderschön anzusehen!

Efeu, prächtig! Er bietet Schlafplätze und Verstecke und liefert im Winter Zusatzfutter für viele Arten.

Totes Holz lassen wir wo es ist. Herrliche Mehrzimmerwohnungen für unsere Insektenfreunde werden dort entstehen! Wir legen Holzstapel an. Sperlinge, Hausrotschwänze und Bachstelzen werden dort brüten.

Auch einige Spitzmäuse und Wiesel siedeln sich an. Aufgerichteter Heckenverschnitt ist hilfreich für die Heckenbraunelle und den Zaunkönig.

Beerensträucher und Fallobst sind im Winter wichtig für Amseln und Wacholderdrosseln. Vielleicht kommt sogar ein Seidenschwanz zu Besuch. Laubhaufen bleiben liegen. Für Igel, Spitzmäuse und Blindschleichen, für viele Spinnenarten eine Heimstätte. Und Chemie? Kommt weg, auf den Sondermüll! Da wo sie hingehört! Chemie hat im Garten, auf Feldern und in Wäldern nichts zu suchen! Wer kann schon ernsthaft wollen, dass in seinem eigenen Garten Gift zum Einsatz kommt? Gift für die vielen Pflanzen und Tiere, für die wir Verantwortung übernehmen müssen! Es gibt biologische Tricks und Alternativen, frei von dieser schrecklichen Brühe! Und kurz gemähter Rasen im Garten, ohne Gänseblümchen, Löwenzahn und Maulwurfshügel? Was für ein Schwachsinn! Verflixt und zugenäht und auf den Tisch gehauen! Ab jetzt sorgen wir für Leben und Wildheit in unseren Gärten! Gepflegte Wildheit, da haben alle etwas davon. Und das geht auch ganz wunderbar auf Balkonen. Wildblumen und Wildpflanzen lassen sich in Kübeln anpflanzen, ebenso Sonnenblumen, von denen viele Vogelarten auch im Herbst noch etwas haben. Eine schöne Kriechrose auf dem Balkon und es wird summen und brummen! Es gibt kleine Balkongärten, auf denen Rotkehlchen, Hausrotschwanz, Grauschnäpper und Grünlinge nisten. Klar geht das! Wir müssen nur wollen, Ärmel hochkrempeln und loslegen! Geredet und gewartet haben wir genug!"

Die Wubbjes und Tierchen wollten ihre Situation nicht länger hinnehmen, ging es doch um ihre (und unsere) Existenz. „B-L-Ü-H-W-I-E-S-E-N! Klatsch, Klatsch, Klatsch! B-L-Ü-H-W-I-E-S-E-N!", dröhnte es durchs Stadion. „SCHAFFT B-I-O-T-O-P-E!", wurde gemeinsam skandiert. Wubbjes und Tiere konnten vieles selber schaffen und legten jeden Tag selber Hand an, um ihre (und unsere) Lebenswelt zu erhalten. Aber wenn dann Menschen mit Planierwalzen, Schaufelbaggern und Betonmischern ankamen, dann hatten sie keine Chance. Das war frustrierend. Aber wie immer galt: Aufgeben gilt nicht.

Die Mannschaften schüttelten sich die Hände. Der Kapitän der Hummelburger, der nimmermüde Heiko Westermaus, der ein echter Kämpfer und Mannschaftsspieler war, tauschte mit seinem lila-weißen Kontrahenten Pelle Wollschwein Vereinswimpel aus. Schiedsrichter war heute der gemütliche Buchfink „Bjarne Schmetterhüse", der von dem Hertha-Frosch „Franky" und Karl dem Kartoffelkäfer an den Linien unterstützt wurde.

Und los ging es. Das Spiel war von der ersten Minute an ein Klassespiel. Viel Kampf, hoher Einsatz, rassige Zweikämpfe, aber immer fair und respektvoll. Die eine Liga höher spielenden Hummelburger dominierten auf dem grünen Rasen. Auf der rechten Seite raste Abwehrspieler Dennis Igelreiher die Linie rauf und runter. Er war schnell wie ein Wiesel und schlug einige Male gefährliche Flanken in den Strafraum der Otternbrücker. Er war zwar nicht die Torgefahr in Person, aber blitzschnell, gab niemals auf und war schon viele Jahre im Verein. Heiko Westermaus und Wiedehopf Jaro sorgten für Stabilität im defensiven Mittelfeld. Souverän und unaufgeregt schlugen sie Pässe zu ihren Mitspielern. Ihre Ruhe sorgte für eine enorme Sicherheit. Das Abwehrzentrum dominierte Panda Dachsopoulus. Wer an ihm vorbei wollte, der musste schnell sein und durfte keine Angst zeigen. Furchterregend fletschte er seine Zähne, wenn er den Ball hatte. Ganz hinten im Tor stand Ulli Steinkauz. Er war ein echter Heißsporn. Mit tollen Paraden fing er den einen oder anderen Schuss der Otternbrücker ab. Mit ihm durfte man sich nicht anlegen, das wussten hier alle. Schon seine bloße Anwesenheit sorgte für Respekt. Sein unbändiger positiver Ehrgeiz übertrug sich auf seine Mitspieler. Im Mittelfeld ackerten Lumpi Sprotte und Mighty Marcelo. An Lumpi Sprotte biss sich so mancher Gegenspieler die Zähne aus. Er dribbelten seinen Gegnern Knoten in die Beine und spielte geniale Pässe, z.B. auf Mighty Marcelo, der hier in Hummelburg Kultstatus genoss. Vor einigen Jahren hatte er die Hummelburger mit einem echten Kunstschuss vor dem Abstieg bewahrt. Ja, und dann waren da noch weitere Genies auf dem Platz. Kevin Kegelrobbe, Uwe Seeadler und Fiete Ameise. Fiete Ameise war nicht nur ein Dribbelkünstler, er war noch dazu blitzschnell und treffsicher. Und wenn es bei ihm mal nicht so klappte, dann rauschte Uwe Seeadler heran und sorgte für Gefahr. Kevin Keggelrobbe robbte trickreich und wendig im Strafraum herum. Seitfallzieher, Fallrückzieher, Hackentrick, Übersteiger, Kevin Kegelrobbe konnte alles. Die Hummelburger waren wirklich sehr gut aufgestellt.

Aber die Otternbrücker hielten tapfer dagegen. Uwe Brummer lieferte einige Weltklasseparaden ab. Mit seinen großen Brummeraugen behielt er souverän jeden Schuss im Blick. Ja und vor ihm? Da waren Koala Engel, Mirku Waschbätti und auch Lodda Ganter mit großen Herzen dabei. Koala und Waschbär grätschten und wühlten was das Zeug hielt. Keinen Ball gaben sie verloren. Lodda Ganter warf sich bei jedem Angriff mit vollem Elan dazwischen. Jeder Zentimeter des Rasens wurde beackert. Hier sollte heute Lila-Weiß gewinnen, dafür gaben sie alles. Und der Ganter schlug mit seinen großen Gänsefüßen manchen gefährlichen Pass nach vorne. Guido Storch mit seinen langen Beinen und Pelle Wollschwein mit seiner Pferdelunge zeigten sich ebenfalls wenig beeindruckt von den Aktionen der Hummelburger und spielten blitzschnelle Ballstafetten, die für Szenenapplaus auf den Rängen sorgten. Willi Mümmelmann und Adler Vedda zielten manches Mal gefährlich auf den Kasten von Ulli Steinkauz. Für ihren unbändigen Kampfgeist waren die Otternbrücker im ganzen Land berühmt. Wer kämpft, und niemals aufgibt, der wird irgendwann belohnt. Wer an sich selber glaubt, dem kann nichts passieren.

Und so stand es, trotz eines leichten Übergewichtes für die Hummelburger zur Halbzeit 0:0. Blindschleiche Selma, Frosch HüpfeHopfs, Schimpanse Uwe und Schmetterling Alfons waren zufrieden. Hier war noch etwas drin: „Das schaffen wir!", war sich Alfons sicher und wedelte mit seinem lila-weißen Schal. Selma nickte ihm zu: „Wir brauchen einen genialen Konter, dann haben wir das Spiel im Sack." Auf der Nordtribüne waren sich die Fans ebenfalls siegessicher. Hinkebein murmelte: „Nur eine Frage der Zeit bis unser 1:0 fällt. Nur eine Frage der Zeit." Maiky Mörtelbiene stimmte zu: „Wir sollten uns dann schnell um Tickets für das Spiel in Bärlin kümmern. Da holen wir den Cup gegen die Rotznasen aus der Alligatorarena!"

Und die zweite Halbzeit lief weiter, wie die erste endete. Es gab keine Wechsel. Die Hummelburger drückten auf das 1:0, aber die Konter der Otternbrücker waren gefährlich. Wer hier wohl gewinnen würde? Auf den Rängen sangen, hüpften und schunkelten die Wubbjes und Tierchen gut gelaunt und sangesfreudig. Und in der 70. Minute war es soweit. Dennis Igelreiher raste die rechte Seite entlang, Doppelpass mit Lumpi Sprotte und schon näherte er sich wie der Blitz dem Strafraum. Flanke angetäuscht, durchgesetzt, auf zur Grundlinie, ein hoher Ball in die Mitte…Mit voller Wucht raste der Ball ans lange Eck. Dort war Fiete Ameise seinem Gegenspieler entwischt. Er krümmte sich blitzschnell zusammen, um sich dann in Sekundenschnelle mit voller Sprungkraft zwei Meter in die Luft zu heben. Kopfball, Tooooooooooor: 1:0 für die Hummelburger! Das Stadion bebte. Wildfremde Tiere lagen sich in den Armen. Die Wubbjes flippten komplett aus, warfen ihre Hüte und Mützen in den Abendhimmel und sprangen auf und ab. Was für eine Begeisterung: „Tooooooooooooooooooor für Hummelburg!", schrie der Stadionsprecher. „1:0! Fiiiiiieeeee-eeettttttteeeeeee Aaaaaaaammmmmeeeeeiiiiiiseeeeeee!" Hier saß keiner mehr. Blattlaus Honky hüpfte auf seinen sechs Beinen hin und her, wild eine Fahne schwenkend. Hummel Hinkebein krächzte nur noch, seine Stimme blieb ihm vor lauter Begeisterung weg und Maiky Mörtelbiene flog einen Looping nach dem anderen auf der Nordtribüne. Das erste Finale nach mehr als dreißig Jahren war für die Hummelburger in greifbare Nähe gerückt. Ein Traum könnte wahr werden. Endlich wieder ein Titel! Vielleicht! Aber noch waren zwanzig Minuten zu spielen. Die Otternbrücker machten nicht den Eindruck, als ob sie hier aufgeben würden. Und zwanzig Minuten können sehr, sehr lang sein.

Wie geht das Spiel weiter? Schicke uns gerne Deine Beschreibung der letzten 20 Minuten (oder gibt es eine Verlängerung?) an: info@doktor-kalle.de. Ausgewählte Geschichten werden wir veröffentlichen und mit Preisen auszeichnen.

Für Blühwiesen- und Insektenschutzprojekte spenden? Das geht sehr gut hier (gerne stellen wir auch eine Spendenbescheinigung aus):

Schaut mal vorbei auf http://blumiges-melle.de oder http://blumiger-lkos.de.

Einen kleinen Gnadenhof fördern? Das geht ganz prima z.B. hier (gerne stellen wir auch eine Spendenbescheinigung aus):

http://gnadenhof-melle.de

Werbung

Würmer für den eigenen Kompost kaufen, das geht prima hier:
http://wurmpalast.de

Die Kompostwürmer werden teilweise im anfallenden Pferdemist des Gnadenhofes „Brödel" Melle gehalten. Wir finanzieren mit dem Verkauf einen Teil der Futter- und Tierarztkosten.